MĀORI AT WORK

The everyday guide
to using te reo Māori
in the workplace

Professor Scotty Morrison (Ngāti Whakaue) is the well-known presenter of current affairs programmes *Te Karere* and *Marae*. He holds a Master's degree (Education), is working towards his PhD, and has been an Adjunct Professor and the Director of Māori Student and Community Engagement at Auckland's Unitec Institute of Technology. In 2017, he adopted a new role at Massey University's Te Pūtahi-a-Toi (School of Māori Art, Knowledge and Education), working alongside his wife Stacey in a strategic, advocacy and lecturing capacity.

Scotty is the author of the bestselling language guides *The Raupō Phrasebook of Modern Māori*, *Māori Made Easy*, *Māori Made Easy 2*, and *Māori at Home*, which was co-authored with Stacey.

They live in Auckland with their three children Hawaiki, Kurawaka and Maiana.

ALSO BY SCOTTY MORRISON

The Raupō Phrasebook of Modern Māori

Māori Made Easy

Māori at Home (with Stacey Morrison)

Māori Made Easy Workbooks / Kete 1–4

Māori Made Easy 2

MĀORI AT WORK

**The everyday guide
to using te reo Māori
in the workplace**

Scotty Morrison

RAUPŌ

He maimai aroha

E te Wharehuia, ka tāpaetia tēnei pukapuka āku ki a koe, me
pēhea hoki e kore ai? Ko koe te manu whititua i whititua ai au
i te uriuritanga o te kore mōhio, ki te whai ao ki te ao mārama.
Ko koe te rūānuku i tangata ai au, i tau mai ai te aroarowhenua
o te whakaaro nui kia raukuratia te mahunga, te ngākau, te
wairua ki te reo Māori. Ko koe te puna mātauranga i mōhio ai
au ki te tīrewa o roto i te reo hei whakairi māku i ngā wheako,
i ngā kare-ā-roto, i ngā piki me ngā heke o te ao tauwhitiwhiti
nei ki runga, arā, kia hīkoi whakamua tonu au me te whakaiti,
kia kauneke whakamua tonu au me te pūrangiahotanga. Nō
reira, e te pāpā makau, e te mātanga whakaako, e te hoa hahau
pōro, okioki mai rā i roto i te arohanui.

Wharehuia, I dedicate this book to you, how could I not?
You were the mentor who guided me and transformed me
from deficiency to understanding. You were the doyen who
converted my thinking and revealed the many benefits
the Māori language provides, spiritually, emotionally and
philosophically. You were the spring of deep knowledge, who
made me aware of the scenery the language provides to
interpret experiences, to calm emotions and to moderate the
imbalances in this vibrant world, allowing me to always move
forward with humility and clarity. And so, my father figure, my
master teacher, my golfing buddy, rest in love eternal.

RAUPŌ

UK | USA | Canada | Ireland | Australia
India | New Zealand | South Africa | China

Raupō is an imprint of the Penguin Random House group of companies, whose
addresses can be found at global.penguinrandomhouse.com.

Penguin
Random House
New Zealand

First published by Penguin Random House New Zealand, 2019

10 9 8 7 6 5 4 3 2 1

Text © Scotty Morrison, 2019

The moral right of the author has been asserted.

Cover design by areadesign.co.nz © Penguin Random House New Zealand
Text design by Shaun Jury © Penguin Random House New Zealand
Prepress by Image Centre Group
Printed and bound in Australia by Griffin Press, an Accredited ISO AS/NZS 14001
Environmental Management Systems Printer

A catalogue record for this book is available from the
National Library of New Zealand.

ISBN 978-0-14-377334-4
eISBN 978-0-14-377335-1

penguin.co.nz

CONTENTS

WHAKATAKI
INTRODUCTION

Kia ora and welcome! It looks like you're interested in promoting, normalising and using te reo Māori in your workplace, so congratulations! You've already taken the most important step. This book is an up-and-go guide to help you use te reo Māori with your workmates and with clients, rather than a step-by-step, methodical language-learning programme (I've already written *Māori Made Easy* for that need – feel free to work through it while using this book!). *Māori at Work* is designed for anyone in a workplace – whether that's a business, a worksite, a classroom, or a government department – who wants to express themselves in Māori <u>today</u>. So, within these pages are shortcuts and insights into how to achieve this.

There are many reasons to incorporate te reo Māori into your workplace: it identifies us as people of this country; it incorporates values that are perfect for unity, caring and progression in the workplace; it can help with branding; it opens pathways to better understanding of our indigenous culture; and it helps to elevate the status of the language among our communities and our nation.

Furthermore, not only can te reo Māori be a bridge to building better relationships with your local Māori community and potential clients, but one of our largest industries – tourism – relies heavily on Māori culture and language, which makes that link to international audiences for a global reach. The list goes on.

Now, I am confident most of you will not be starting from scratch. Many of us know some basic Māori words and phrases, such as *whānau, aroha, marae, mana, kia ora* and *kia kaha.* As adults we learn in different ways, for different reasons. I chose Māori as a schedule-filler at university, then fell in love with it. In learning Māori I found a sense of purpose. Before that, I often felt awkward and left out in Māori settings, and even after starting to learn, went through a couple of years of fumbling through Māori books trying to understand things better, pretending to grasp what was being said on *Te Karere*, and trying to laugh at the right times during whaikōrero or speechmaking when, really, I couldn't quite understand what was being said but just laughed because everyone else was laughing!

KO NGĀ UAUATANGA O TE KAWE I TE REO KI TE WĀHI MAHI
CHALLENGES OF USING TE REO MĀORI IN THE WORKPLACE

English does a great job of being a dominant language, it really is everywhere. You hear it in public, on television, online, at the shops, and at the playground; our kids hear English most places they go in New Zealand. So, incorporating te reo Māori into the workplace will definitely have its challenges and you might come across some resistance. You'll probably get asked why and what for, maybe even the old 'it's a waste of time / stupid idea' or 'it will cost too much' or 'there will be too much of a backlash'. Hopefully there is enough information in the chapters of this book to give you the ammunition you need to respond to those kinds of questions and comments. You will need to show courage and commitment, but also get buy-in from the staff in your workplace. My wife and I have various strategies we use to 'seduce' people into taking up the challenge. Our opinion is that when they join the kaupapa, they automatically become language champions.

'But wouldn't it be more useful to learn Mandarin?' You hear this one a lot. When it comes to communicating with a diverse range of people, let's push our thinking wider than a 'one or the other' approach. We understand Mandarin is seen as 'more useful' by some because it's spoken by more people in the world, but it would be extremely 'useful' if we are the generation of New Zealanders who ensure the only language unique to our country survives and thrives.

Sometimes facts and figures will work or the economic benefits will seal the deal, other times it may just be social change that galvanises people at an emotional level and motivates them to participate and engage.

We speak Māori in our whānau 100 per cent of the time, raising our kids with Māori as our parenting language. Over the years we have come across our fair share of negativity.

'What's that language you're speaking, are you South American?'

'You shouldn't be speaking that mumbo jumbo.'

'I feel like you're talking about me behind my back.'

'It's rude to speak in another language in front of someone who can't understand it.'

These are just some of the kinds of comments we get when we speak Māori to each other, our whānau, our friends or our colleagues. Many Māori speakers can relate to having been at the receiving end of these sorts of responses.

But in contrast, we have experienced many positive reactions too.

'Mum and Dad (visiting from Switzerland), come listen to this family, you're so lucky to hear people speaking Māori while you're here.'

'You hear that son? That's te reo Māori. That's what you should be learning at school.'

'I just wanted to say, it's been really beautiful listening to you all speaking Māori.'

It's not often you'll hear Māori being spoken in public spaces. Currently, rather than hearing Māori organically in your street, office or home, you still have to create Māori language speaking domains – which is what this book will help you do in your workplace.

Every single day is a learning opportunity for us, e hoa mā. We can't waste even one of those days as a chance for us to hear, see, use, and speak Māori. *Today is the day to go for it!* Drop the excuses and simply enjoy having a go at using te reo Māori in your workplace. As the saying goes, 'fake it 'til you make it', and this book will help you do that as well as offer ideas and extra vocabulary for those who have 'made it' and are good speakers.

You won't find any lengthy linguistic explanations here. This is an up-and-go survival guide, so get up and get going!

HE AHA NGĀ KAI KEI ROTO I TĒNEI RAUEMI REO
WHAT YOU WILL FIND IN THIS UP-AND-GO REO SURVIVAL GUIDE

This book is aimed at mitigating challenges that adults face when learning a new language. So rather than going into a lot of grammar, it will:

- Give repeated examples of very common sentence structures relating to the topic of each chapter.
  - If you continually use these structures, without worrying too much about grammatical analysis of *why* you're saying each word, you'll find you're learning by osmosis!
- Give you phrases that are ready to use and are relevant to your daily schedules in your various workplaces.
  - There can be a bit of monotony in the jobs that we do, so let's use that to our advantage and learn to say the same old things day after day, time after time . . . but in Māori!
- Focus on relevant language that you will actually use!
  - Studies show we use 20 per cent of a language in 80 per cent of our conversations. So I have focused on the 20 per cent of language relevant to each particular workplace or work space in this book.

Remember, this book is all about *using* the reo, not just learning it. There's not much point in learning words and phrases that you are not going to use!

If you're already a competent speaker then hopefully you'll still find phrases and terms that are helpful as a reference.

KO TE WAIHANGA RAUTAKI REO MĀ TE WĀHI MAHI
HAVING A WORKPLACE PLAN

Now, you need goals and you need a plan on how you will achieve those goals to succeed in anything in life. This is no different. Through working with whānau, CEOs, government officials, teachers and employees from various workplaces to develop their language strategies at Kura Whakarauora (Māori language planning workshops) I have seen the benefits of having a plan. The key is, it needs to be customised and designed for your workplace, the people involved, personalities, challenges, desires, goals and talents. If I gave you a standard plan today, it wouldn't necessarily work for you and your workplace. A reo plan is not a formulaic journey – there's no one rule that will work for all. I have always said to my students in lectures over the years that learning te reo Māori is not just an intellectual pursuit, but an emotional and spiritual one too. Your plan can take different forms, but there are some touchstone points you could consider:

Vision: What's your long-term vision for the reo in your workplace? This could be very long-term, or medium-term.

Short-term goals: What are the short-term goals you want to achieve? Perhaps using Māori during greetings to each other, learning a phrase a week and having a prize for who uses it the most in its relevant context!

Stocktake: What are the reo abilities in your workplace – beginners, some intermediate, a handful of fluent speakers?

Investment: What investments can you make? Consider this in terms of investing time, effort, money, and so on. It's important to be realistic about this.

Challenges: What are the challenges you face, and may have to overcome, to reach your goals and vision?

Support: Who will be on your team? The manager, the foreman, the local kaumātua, perhaps a pou reo or mentor for your workplace? This is where Māori language speaking communities, online groups and whānau from your community can help you sustain your efforts, and actually enjoy the experience!

Methods and approach: What are the tactics and approaches you will take? Perhaps the staff take turns leading various programmes, games, or initiatives? Or you decide to use this book to help you create immersion environments for certain times of the day at work, or at certain locations in the workplace?

Wins and rewards: How will you celebrate the wins as you achieve them? A sense of achievement helps everyone build good feeling towards the reo. You could put on a staff outing, or give out quick rewards like a longer lunch hour or getting to choose what the next staff function theme will be.

Consider naming your plan and spell out what it means for your workplace. Here's an example:

> *Millennium Institute – Miria te Reo* (The Millennium Institute – Nurturing the Language)
>
> A plan with a vision of four years of strategies to ensure the language becomes visible at the institute for our top athletes, and has phrases and proverbs spoken by coaches to encourage and motivate!

I've seen many different language plans over the years. Some are posters or a treaty of agreement, or a tree that is planted to signify the growth of the reo in the workplace; or some people like to keep things fluid. I can say for sure that spending some time considering these sorts of questions can help your workplace achieve the Māori language goals you are aiming for.

In saying all of that, whether you make a plan or not, as you use this book, please do celebrate whatever Māori language successes your workplace has, no matter how small. Using Māori in any environment is a big gig, so cut yourself some slack when it's tough, but take stock, reassess, and keep going!

KO NGĀ TŪĀPAPATANGA
ARMING YOU WITH THE BASICS

Before getting stuck into it, you and your staff will need to be armed with the basics. While this isn't a grammar book, there are a few things you'll need to know to navigate your way through this journey, starting with pronunciation. If you've read *Māori At Home* then this section will look very familiar, so feel free to skip ahead (or take a refresher).

TE WHAKAHUA I TE REO
PRONUNCIATION – THE FIRST STEP TO CORRECT TE REO

Māori is a phonetic language that is reasonably simple to pronounce. The key to correct pronunciation is to master the sounds of the five vowels: *a, e, i, o, u*. The best way, for most people, to learn the vowel sounds is by using examples in English:

The vowel **a** is pronounced as in the English c<u>u</u>t

The vowel **e** is pronounced as in the English <u>eg</u>g

The vowel **i** is pronounced as in the English k<u>ey</u>

The vowel **o** is pronounced as in the English p<u>aw</u>

The vowel **u** is pronounced as in the English sh<u>oe</u>

There are long and short vowel sounds, with macrons used to indicate the long vowel sound:

The vowel **ā** is pronounced as in the English c<u>a</u>r

The vowel **ē** is pronounced as in the English p<u>ea</u>r

The vowel **ī** is pronounced as in the English <u>ee</u>l

The vowel **ō** is pronounced as in the English p<u>ou</u>r

The vowel **ū** is pronounced as in the English r<u>oo</u>f

If you give the wrong sound to these vowels, you are well on your way to messing up the correct pronunciation of a Māori word.

Take the word *mana* (power, authority, control, influence) for example. There are no macrons on the two vowels and yet people often assign a macron to the first *a* so it gets mispronounced as *māna*, a word denoting possession that translates to *for him / her*.

So take the time to get the pronunciation right! Because once you've got that down, you will have the confidence to tackle any Māori word you come across, since the pronunciation of each vowel in Māori words is constant.

There are 10 consonants: *h, k, m, n, p, r, t, w, ng, wh*. The pronunciation of these consonants is pretty straight-forward and they are generally pronounced as they are in English, but most people have some difficulty with the *ng* digraph. The *ng* is said as it sounds in the English word *singer*. A common mistake is to pronounce it as it appears in the word *finger*. The *wh* digraph is usually pronounced as an English *f* sound except in the Taranaki region where it is omitted for a glottal stop. The word Whanganui is written with an *h* in it, but a speaker from the area will say it like this *W'anganui*. The *r* is rolled. It sounds somewhat similar to a *d* in English, but softer, like the *d* in the word *shudder*.

KO TE WETEREO KEI ROTO I TĒNEI PUKAPUKA
THE GRAMMAR USED IN THIS BOOK

I've used a technique in this book that encourages the recognition of various sentence structures through repetition. Each chapter has sample sentences that are grouped together based on their functions, for example, sets of descriptive sentences and phrases are grouped together using the descriptive sentence starter *He . . .*; future tense action phrases are grouped together using the future tense sentence starters *Ka . . .* and *Ki te . . . ka . . .*; and location phrases are grouped together using *Kei hea?* (*Where is?*) and *I hea?* (*Where was?*).

The idea is for you to become familiar with how to start each sentence, then, as your vocabulary increases over time, you'll develop the ability to interchange words in and out of your sentences to extend your fluency. Take a look at these two examples:

Kei hea ō hū?	*Where are your shoes?*
Kei hea tō hū?	*Where is your shoe?*

As you use these phrases and your familiarity with them grows, you can start to swap out the noun for any other noun, so you can start to say things like:

Kei hea ō **kākahu**?	*Where are your clothes?*
Kei hea ō **pene**?	*Where are your pens?*
Kei hea tō **pōtae**?	*Where is your hat?*
Kei hea tō **pāpā**?	*Where is your father?*

Now, on to a brief introduction to aspects of Māori language sentence structure!

KUPU TOHU WĀ – TENSE MARKERS

Tense markers are important because they indicate a tense shift in the conversation. You don't want to be telling someone that you are doing something tomorrow when you actually did it yesterday, do you? Your basic action phrase tense markers are represented by the following verbal particles:

Kei te . . . / E . . . ana	*Present tense active*
I . . .	*Past tense*
Kua . . .	*An action has occurred*

Ka . . .	Future tense

The basic action phrase looks like this:

Tense marker + Verb + Agent (of the action)

Kei te + haere + ia	He / She is going

Here are some examples using the verb *oma* or *run* and the pronoun *ia* or *he / she* to highlight the differences in each tense marker:

Kei te . . . (Present tense marker)

Kei te oma ia	He / She is running

I . . . (Past tense)

I oma ia	He / She ran

Kua . . . (An action has occurred)

Kua oma ia	He has run

Ka . . . (Future tense)

Ka oma ia	He will run

All of these statements can be turned into a question by a simple change in voice inflection or the addition of a question mark at the end of the sentence.

Kei te . . . (Present tense question)

Kei te oma ia?	Is he / she running?

I . . . (Past tense question)

I oma ia?	Did he / she run?

Kua . . . (Question – has the action occurred?)

Kua oma ia?	Has he run yet?

Ka . . . (Future tense question – will?)

Ka oma ia?	Will he run?

In my experience, most people have a problem with the *kua* tense marker. So here's a little tip to help you understand *kua*: If your

English sentence has the word *have* or *has* in it, then *kua* is the tense marker you will start your Māori sentence with. To illustrate, I have purposely placed the English sentences on the left side of the page, because, in this instance, you are referring to the English language to help you begin your Māori phrase.

I **have** eaten	**Kua** *kai au*
I **have** finished	**Kua** *mutu au*
I **have** been defeated	**Kua** *hinga au*
Your ball **has** gone missing	**Kua** *ngaro tō pōro*
The milk **has** run out	**Kua** *pau te mīraka*

And again, where appropriate, some of these phrases can be turned into questions, and the above formula still works.

Have I been defeated (lost)?	**Kua** *hinga au?*
Has the dog died?	**Kua** *mate te kurī?*
Has the milk run out?	**Kua** *pau te mīraka?*

NGĀ WHAKAHAU – GIVING ORDERS

We all like to be bossy every now and then! Here are some examples of how to order someone around. The particle *e* is used when the command word has either one long or two short vowels.

E tū!	*Stand up!*
E noho!	*Sit down!*
E moe!	*Sleep!*
E oho!	*Wake up!*
E oma!	*Run!*
E karo!	*Dodge!*
E inu!	*Drink up!*
E kai!	*Eat up!*

And when the command word has more than two vowels, we simply drop the *e*.

Titiro mai!	*Look here!*
Titiro atu!	*Look over there!*

Titiro ki te karoro!	*Look at the seagull!*
Haere mai!	*Come here!*
Haere atu!	*Go away!*
Haere!	*Go!*
Maranga!	*Get up!*
Whakarongo!	*Listen!*
Hoihoi!	*Be quiet! It's noisy!*
Takoto!	*Lie down!*
Tīraha!	*Lie down on your back!*
Tāpapa!	*Lie face down!*
Taihoa!	*Wait on! / Hold up!*
Pātai ki a ia!	*Ask him / her!*
Whakarongo ki tēnei waiata!	*Listen to this song!*

The following commands contain words known as *statives*. They encourage the person on the receiving end to achieve a particular state or condition. Notice that *kia* is used in front of stative words to impart the command.

Kia kaha!	*Be strong!*
Kia toa!	*Be determined!*
Kia manawanui!	*Be steadfast!*
Kia tūpato!	*Be careful!*
Kia hakune!	*Be deliberate!*
Kia mataara!	*Be alert!*
Kia tere!	*Be quick!*
Kia tau!	*Be settled! / Settle down!*

Using *me* is another way of delivering a command, and your tone will dictate whether it's said calmly or not. The *me* can be used to suggest something should be done, or an action should be carried out.

Me oho!	*You should wake up!*
Me oma!	*You should run!*
Me inu!	*You should drink!*

Me titiro mai!	*You should look here!*
Me titiro ki te karoro!	*You should look at the seagull!*
Me haere mai!	*You should come here!*
Me maranga!	*You should get up!*
Me whakarongo!	*You should listen!*
Me toa!	*You should be determined!*
Me manawanui!	*You should be steadfast!*
Me tūpato!	*You should be careful!*

The final way of issuing an order or command is to use a passive ending (*-a, -ia, -hia, -na, -nga, -tia*, etc.). The *me* cannot be used to begin these types of sentences.

Unuhia ō hū!	*Take off your shoes!*
Katia te kūaha!	*Close the door!*
Huakina te matapihi!	*Open the window!*
Kainga ō tōhi!	*Eat your toast!*
Whakapaitia tō moenga!	*Make your bed!*

If you are negating commands, use the negative form *kaua e* . . .

Kaua e titiro mai!	*Don't look here!*
Kaua e titiro atu!	*Don't look over there!*
Kaua e haere mai!	*Don't come here!*
Kaua e haere atu!	*Don't go away!*
Kaua e haere	*Don't go!*
Kaua e maranga!	*Don't get up!*

Ka pai? You are just placing the *kaua e* . . . in front of the command. It's that simple. Putting *kaua* . . . *e* in front will work most of the time.

Kaua e unuhia ō hū!	*Take off your shoes!*
Kaua e katia te kūaha!	*Close the door!*
Kaua e huakina te matapihi!	*Don't open the window!*
Kaua e kainga ō tōhi!	*Don't eat your toast!*

Now, *kāti* is generally used to tell someone to stop doing something.

Kāti tō pēnā	*Stop being like that*
Kāti te kai	*Stop eating*
Kāti te mātakitaki pouaka whakaata	*Stop watching TV*
Kāti te whirinaki ki ngā hangarau	*Stop playing on your electronic devices*

MĀ WAI E MAHI? – WHO WILL DO IT?

This is a future tense question to find out who or what will do the action. *Mā . . . e* is the basic structure of the sentence.

Mā wai ngā kākahu **e** horoi?	*Who will wash the clothes?*
Mā wai te waka **e** hautū?	*Who will drive the car?*
Mā wai tēnei mahi **e** mahi?	*Who will do this job?*
Mā wai au **e** āwhina?	*Who will help me?*
Māku ngā kākahu **e** horoi	*I will wash the clothes*
Māku te waka **e** hautū	*I will drive the car*
Mā tāua tēnei mahi **e** mahi	*We (you and I) will do this job*
Māku koe **e** āwhina	*I will help you*

The *mā . . . e . . .* pattern is the future duplication of the *nā . . . i . . .* pattern, so if you want to ask who *performed* a particular action, then you say, '*Nā wai i mahi?*' (Who did it?) Let's use the above examples again, but put them into past tense, using *nā . . . i . . .*

Nā wai ngā kākahu **i** horoi?	*Who washed the clothes?*
Nā wai te waka **i** hautū?	*Who drove the car?*
Nā wai tēnei mahi **i** mahi?	*Who did this (job)?*
Nā wai au **i** āwhina?	*Who helped me?*
Nāku ngā kākahu **i** horoi	*I washed the clothes*
Nāku te waka **i** hautū	*I drove the car*
Nā tāua tēnei mahi **i** mahi	*We (you and I) did this job*
Nāku koe **i** āwhina	*I helped you*

TŪWĀHI – LOCATIVE WORDS

To ask where the location of something or someone is, use the question word *hea*. If you want to know where the person or object is, or where it will be, use *kei hea* ... and if you want to ask where it was, use *i hea* ...

Kei hea te raumamao?	*Where is the remote control?*
Kei hea ngā kai?	*Where is the food?*
Kei hea koe?	*Where are you?*
Kei hea tō pēke kura?	*Where is your school bag?*
I hea ō pukapuka?	*Where were your books?*
I hea koe?	*Where were you?*
I hea te rorohiko?	*Where was the computer?*

HE WHAKAATU I TE ĀHUA – DESCRIPTIVE SENTENCES

The Māori sentence structure for describing things is, again, quite different to the English. Probably the major difference to point out here is that te reo Māori follows a *noun + adjective* structure, while English follows an *adjective + noun* structure. So if the noun was *tāne* or *man* and the adjective was *nui* or *big*, the Māori sentence would be *tāne nui*, but the English structure would be *big man*. Descriptive sentences are introduced by the particle *he* and will usually end with the subject or a possessive:

He wahine rerehua ia	*She is a beautiful woman*
He whare teitei tērā	*That house (over there) is very tall*
He waka pango	*A black car*
He kōtiro tūpore tāna tamāhine	*Her daughter is a very caring girl*
He tāne pukukino ia	*He is a grumpy man*
He rākau māmore tēnei	*This is a leafless tree*
He huarahi kōpikopiko tēnei	*This is a winding road*
He tangata harikoa kōrua	*You two are very happy-go-lucky*

He kapa koretake mātou	*We are a useless team*
He rangi wera tēnei	*This is a hot day*
He waewae tere ōna	*She has got fast legs*
He kuia mātau ia	*She is a knowledgeable old lady*
He kaitākaro wheke kurī ia	*He is a hot-headed player*
He kaihautū pai ia	*She is a good driver*

He can also be used with an adjective to describe what a person is like at performing a particular activity:

He pai ia ki te tākaro whutupōro	*He is a good rugby player*
He toa ia ki te tunu kai	*He is a magnificent cook*
He tau koe ki te kanikani	*You are an awesome dancer*
He tohunga ki te mahi toi	*An expert artist*
He pōturi a Para ki te oma	*Para is a slow runner*
He ninipa tō kapa ki te hopu pōro	*Your team has no ball-catching skills*
He tere ia ki te oma	*He is a fast runner*
He rawe au ki te waruwaru kūmara	*I am great at peeling kūmara*

1. KO TE REO MIHI ME TE REO TŪTAKI
REO WHEN GREETING AND MEETING

KŌRERO WHAKATAKI
INTRODUCTION

Greeting others in a meaningful way is very important in Māori culture. It means choosing the appropriate language and sometimes performing the traditional pressing of noses or the *hongi*.

The hongi has become more and more common-place among our communities in Aotearoa New Zealand. It is our own unique way of greeting someone, so I say embrace and use it – but with respect. It is a very significant and sacred act so understanding about where it comes from and what it means is required.

When Māori greet each other by pressing noses, the tradition of sharing the breath of life is considered to have come directly from the gods. When performing the hongi, you are paying homage to the creation of the first human (according to Māori folklore this is Hineahuone) and all your ancestors who descend from her to you. You are also paying homage to the descent lines of the person you are performing the hongi with. The *hā*, or the breath of life, is exchanged and intermingled.

I go into a bit more detail on the origins of the hongi in the Tikanga chapter, so head over there if you're ready for it!

Otherwise, let's get back to the language side of things and start with some basic, 'Hello' and 'How are you?' to initiate a conversation with a new work colleague who you've just met.

Kia ora	Hello
Kei te pēhea koe?	How are you?
Kei te pai	Good
A koe?	And you?
Kei te harikoa au	I am happy
Kei te ngenge au	I am tired
Kei te maremare au	I have a bit of a cold
Ka kite anō	See you later
Hei te wā	Catch you up
Ngā manaakitanga	All the best

So now you've broken the ice, here's a few conversation starters.

Kua rongo koe mō (ingoa o te hoa mahi)?	Have you heard about (name of workmate)?
Kua tauwehe rāua	They (2) have split up
I mau ia	He / She got caught
Kāti te whawhewhawhe	Stop gossiping
Hika mā, he kino te huarere i te rā nei!	Wow, the weather is terrible today!
Hika mā, i kino te huarahi i te rā nei!	Wow, the traffic was shocking this morning!
Hika mā, kei te tino piki te utu mō te kōhinu!	Wow, petrol prices are skyrocketing!
Hika mā, he kino te muia o ngā huarahi i Tāmaki	Wow, Auckland has a terrible traffic problem!
Me haere koe ki te mahi mā runga tereina, pahi rānei	You should try using the train or bus to work
Engari mō tēnā! Tino kore rawa au e eke pahi, tereina rānei!	No way! I would never consider using public transport!

Pēhea te kutarere Raima?	*What about a Lime scooter?*
Hurō! Kua tae mai te Rāmere!	*Hooray! Thank god it's Friday!*
I aha koe i ngā rangi whakatā nei?	*What did you (one person) get up to over the weekend?*
Kei te aha koe ā ēnei rangi whakatā	*What are you (one person) up to this weekend?*
He aha ō kai o te rānui?	*What did you bring for lunch?*
E hika, kua toru karaka kē!	*Wow, I can't believe it's 3pm already!*
E hika, kua rima karaka kē!	*Wow, I can't believe it's 5pm already!*
E hika, kua tōroa mārika tēnei ahiahi	*Wow, this afternoon has dragged on forever*
E hika, he uaua te whakapono i whakamutua te mahi a (ingoa o te hoa mahi)	*Wow, I can't believe (name of workmate) was made redundant*
Auē, kei te tino rongo au i te whiu a te waipiro	*Wow, I am terribly hungover*
Kei te mahi atu au i te kāinga i te rā nei	*I'm working from home today*
Kei te mahi atu au i te kāinga āpōpō	*I'm working from home tomorrow*
Kei te mahi atu au i te kāinga ā tērā wiki	*I'm working from home next week*

RERENGA WHAI TAKE – HANDY PHRASES

I have complete confidence in your ability to speak Māori and use these phrases correctly, but there may be times when you don't understand what is being said to you. Here are some tools to help you overcome the language barrier.

He aha?	*What?*
Homai anō	*Give me that again*
He aha te tikanga o tēnā kōrero?	*What does that mean?*

Ko wai? / A wai?	*Who?*
He aha te kupu Māori mō ...	*What's the Māori word for ...*
Kia kaha ake tō reo	*Please speak louder*
Kāore au i te rongo	*I can't hear*
Kāore au i rongo i tēnā	*I didn't hear that*
Kāore au i te mārama	*I don't understand*
Kia āta kōrero	*(Please) speak more slowly*
Kōrero mai anō	*(Please) say that again*
Tauria mai tēnā kupu	*(Please) spell that out*
Me pēhea taku kī ...?	*How do I say ...?*
E mōhio ana koe ki te kōrero Pākehā?	*Can you speak English?*
He pai ake tōku reo Pākehā i tōku reo Māori	*I speak English better than Māori*

If you are not that familiar with the person you have just come across, these might be more appropriate ice-breaker conversation starters.

He aha ngā waiata pai ki a koe?	*What kind of music do you like?*
He pai ki a au te ...	*I like ...*

(There are no specific Māori words for the various genre of waiata so just reply with the English terms: He pai ki a au te *disco, opera* etc.)

Me puta tahi tāua?	*Would you like to go out?*
He pai ki a koe te kanikani?	*Do you like to dance?*
He aha ngā kai reka ki a koe?	*What kind of food do you like?*
Me tiki kawhe tāua?	*Would you like to grab a coffee?*
Me kai tahi tāua ā tētahi pō?	*Should we have dinner sometime?*
He aha ō runaruna?	*What are your hobbies?*

He pai ki a au te . . .	I like . . .
ruku moana	diving
hī ika	fishing
aruaru kararehe	hunting
whakatangi rakuraku	playing guitar
peita	painting
pānui pukapuka	reading
kanikani	dancing
mātakitaki pouaka whakaata	watching TV
hokohoko	shopping
mātakitaki kiriata	watching films
hīkoi ngahere	tramping
hōpuni	camping
hāereere	travelling
hākinakina	sports
toro hoa	hanging out with friends
mahi mātātoa	adventure
toro wharekai	eating out
piki toka	rock climbing
kōnekeneke	rollerblading
Me haere tahi tāua ki . . .	Should we go . . .
te taha moana?	to the beach?
te hīkoi ngahere?	for a bush walk?
te mātakitaki kiriata?	to watch a movie?
te whare toatini?	to the mall?
te mātaki rōpū puoro?	to watch a band?
te taiwhanga kararehe?	to the zoo?
te whare kanikani?	to a nightclub?
te whare pupuri taonga?	to the museum?

Māori generally are pretty friendly, so let's learn what we have to say to get to know one of these natives of Aotearoa New Zealand a bit more intimately.

Ko wai tō ingoa?	*What's your name?*
Ko . . . tōku ingoa	*My name is . . .*
Nō hea koe?	*Where are you from?*
Nō tāwāhi au	*I'm from overseas*
Nō Whangārei au	*I'm from Whangārei*
He pai te tūtaki ki a koe!	*I'm pleased to meet you!*
Ko taku . . . tēnei	*This is my . . .*
hoa wahine	*wife*
hoa tāne	*husband*
tama	*son*
tamāhine	*daughter*
hoa	*friend*
whaiāipo	*girlfriend / boyfriend*
Ko aku . . . ēnei	*These are my . . .*
tama	*sons*
tamāhine	*daughters*
hoa	*friends*
Kei te pēhea tō . . .	*How is your . . .*
whānau?	*family?*
māmā?	*mother?*
pāpā?	*father?*
tuakana?	*older brother (of male)?*
tuakana?	*older sister (of female)?*
teina?	*younger brother (of male)?*
teina?	*younger sister (of female)?*
tuahine?	*sister (of male)?*
tungāne?	*brother (of female)?*
whanaunga?	*cousin?*
irāmutu?	*niece / nephew?*
taumau?	*fiancée / fiancé?*
kiritata?	*neighbour?*
rangatira?	*boss / leader?*
Kei te pēhea ō . . .	*How are your . . .*
tamariki?	*children?*

mātua?	*parents?*
kaumātua?	*grandparents?*
E hia ō tau?	*How old are you?*
Rangatahi tonu koe	*You're still young*
Rangatahi rawa atu koe i a au	*You're way younger than me*
He aha tāu i haere mai ai ki konei?	*What brings you here?*
He aha tō mahi i konei?	*What brings you here?*
He mahi pakihi	*Business (brings me here)*
He whakatā noa iho	*Just on holiday*
He hiahia tōku kia kite i tēnei whenua rerehua	*I wanted to see this beautiful country*
He hoa ōku kei konei	*I have friends here*
E hia te roa o tō noho?	*How long are you staying?*
Kei te mārena koe?	*Are you married?*
Kei te mārena au	*I am married*
Kei te takakau au	*I am single*
Kei te noho tahi māua ko taku whaiāipo	*I live with my boyfriend / girlfriend*
Kua tokorau	*I am divorced*
He pouaru au	*I am a widow*
He ātaahua ō tamariki	*You have beautiful children*
He ātaahua tō wahine / tamāhine	*Your wife / daughter is beautiful*
He ranginamu tō tāne / tama	*Your husband / son is handsome*

You never know, your conversation may progress from the water cooler or the cafeteria at work, to the pub next door or a night out on the town. Workmates often get together in social settings and sometimes some take a fancy to others! Now, if you thought French, Italian and Spanish were the languages of love, wait till you hear Māori! It's well known for its romantic poeticism by those who have studied it, so let's bring it to the table and see what happens. Use the following quotes on your partner, someone you might be interested in, love notes and emails, Valentine's Day cards, or even just to score points!

Ko Hineruhi koe, te wahine nāna i tū ai te ata hāpara	*You are like Hineruhi, the woman by whom the dawn was raised*
Ko Hinetītama koe, matawai ana te whatu i te tirohanga	*You are like Hinetītama, the eye glistens at the sight of your beauty*
Ko Kōpū koe e rere ana i te pae	*You are like Venus rising with great beauty above the horizon in the morning*
Me he Ōturu ō karu	*You have big, beautiful eyes like the full moon*
Ko tō menemene me he pōhoi toroa	*Your smile is like the pure white down of the albatross*
Me he rangi paruhi koe i te raumati	*You are like a perfect summer's day*
Me aha e māuru ai te aroha mōu?	*How am I to quell this longing for you?*
Ko koe te manako o taku ngākau	*You are my heart's burning desire*
Me tia ki te miri a te aroha komaingo	*Let me be soothed by the ritual of love divine*
Ko koe i moea iho nei i ngā pō mokemoke	*You are the one I have dreamt of all these lonely nights*
Ka tirohia iho tō kiri, ai, rauiti!	*I gaze upon your smooth skin – so fine!*
I hea koe koia i te tuaititanga?	*Where have you been all my life?*
He aha kei taku poho e pākikini nei?	*What is this feeling pulling at my heart strings?*
Ko koe te huia kaimanawa o taumata rerehua	*'Tis you, the treasured plume of ultimate beauty*
I hiko atu, i hinga atu!	*I just caught a glimpse of you and was gone!*
He rangi au i tatari, he raro au i manako, kua ea!	*Each day I waited, each night I longed, now you are here!*

Hīa mai au ki te hī a remurere!	*Lure me on with the lure of passion!*
Piki tū, piki rere te tai i taku ngākau	*The tide ebbs and flows in my heart*
E te apa tārewa kei raro au i tō ātahu!	*Oh, enchanted one, I am under your spell!*
Ko koe nei te tāne / wahine ki roto i taku ngākau	*You are the man / woman I hold dear in my heart*
E whiti e te rā, pārore ki taku kiri!	*Shine down, oh sun, relax my skin! (Astonished by someone's beauty and allure)*
He ika whakawera koe nō roto i te kupenga	*You are the most combative fish in the net (hard to get)*
Whai rawa atu nei, kore rawa i anga mai	*Advances are made but you will not respond*
Hirihiritia rā kia rere ā-manu mai	*Chant a spell so she / he speeds to me like a bird*
Pānukunuku te korirangi	*The lump in my throat moves up and down (nervous)*
I taku manawa!	*Be still my beating heart!*
E titi koia, e te atarau, kei mutu tēnei pō!	*Shine on brightly, moonlight, don't let this night end!*
E hura ō kanohi ki tāu i wawata roa ai!	*Lift thine eyes to view what you have eternally dreamed of!*
Tū tonu aku ngutu ki te whakapehapeha mō tō rerehua!	*My lips hasten to boast about your exquisite beauty!*
Pō horepō!	*Tonight I shall seek a woman's favour!*

(In today's bland language this last one would be similar to, 'I'm out to score tonight!' *Horepō* is an old term for a man lying naked in bed, which was interpreted in those days as meaning he was seeking a 'woman's favour'!)

Nāu kua oho ahau ki te ao!	*You have awakened me to the world!*
Ka poia ake ia e te tara i raro!	*He will be unable to resist my feminine charms!*
Ka mau tō ipo ariki, mau whiwhia, mau rawea!	*When you find the one, haul her / him in and never let her / him go!*
Whu, e kai mai nei te aroha!	*Whoa, check this out coming our way!*

Okay, let's get into the more bland stuff now. They're still vital phrases to know when you are out and about having fun and socialising with your workmates. Bit of a come down after those beautiful Māori pick-up lines we just read, but make sure you have got the following phrases at your disposal as well. Remember, all bars in Aotearoa New Zealand are *auahi kore* or smokefree!

Kei hea ngā pāparakāuta pai o konei?	*Where are the good pubs around here?*
Kei hea ngā whare kanikani pai o konei?	*Where are the good clubs around here?*
Kei hea ngā whare kanikani takāpui?	*Where are the gay clubs?*
Kei hea ngā whare kanikani whai rawa ake?	*Where are the upmarket clubs?*
Kei hea te tino o ngā whare kanikani?	*Where is the most popular club in town?*
He aha te utu mō te kuhu?	*What's the cover charge?*
He nui te utu mō te kuhu?	*Is it expensive?*
Kāore he utu	*No charge*
Me pēhea ngā kākahu?	*What's the dress code?*
Me pai ngā kākahu	*A good standard of dress*
Me tino pai ngā kākahu	*A high standard of dress*
Me kaua e mau tarau tāngari	*No jeans*
Me kaua e mau tarau poto	*No shorts*
Me kaua e mau pāraerae	*No jandals*

Me whai kakī ngā hāte	*Shirts must have a collar*
Kei te hiainu au	*I'm thirsty*
Hokona he inu māu!	*Buy a drink for yourself!*
Māku ēnei inu, māu a muri	*I'll get these drinks, you get the next ones*
Kei a wai te haute?	*Whose shout is it?*
He pia kōrere koa!	*Tap beer please!*
He pātara pia koa!	*Bottle of beer please!*
He wāina kōtea koa!	*White wine please!*
He wāina whero koa!	*Red wine please!*
He hōta wīhiki koa!	*Whisky shot please!*
Tētahi hoki mā tērā wahine	*And one for the lady over there*
Tētahi hoki mā tērā tāne	*And one for the gentleman over there*
E pai ana kia whakahaere pūtea taurewa mō aku inu?	*Can I run a tab for my drinks?*
Māku tō inu e hoko?	*Can I buy you a drink?*
Me kanikani tāua?	*Would you like to dance?*
He tau koe ki te kanikani!	*You're a great dancer!*

ĀHUATANGA TANGATA – PERSONAL DESCRIPTIONS

The following words and phrases are to help you describe what someone looks like.

Makawe	*Hair*
Roa	*Long*
Poto	*Short*
Urukehu	*Blonde*
Pango	*Black / Brunette*
Rauwhero	*Redhead*
Mingimingi	*Curly*
Torokaka	*Straight*
Karu kikorangi	*Blue eyes*
Karu pākākā	*Hazel eyes*

Karu hāura	*Brown eyes*
Karu kākāriki	*Green eyes*
Tukemata	*Eyebrows*
Kamo	*Eyelashes*
Ira	*Freckles*
Kōrakorako	*White freckled skin*
Kanohi	*Face*
Kiritea	*Pale skin*
Kiripango	*Dark skin*
Kiripākākā	*Brown skin*
Pākehā	*European*
Tauiwi	*Foreigner*
Āhia	*Asian*
Pāniora	*Spanish*
Ītāriana	*Italian*
Hainamana	*Chinese*
Iniana	*Indian*
Hapanihi	*Japanese*
Amerikana	*American*
Mangumangu	*Black African / Black American*
Rūhia	*Russian*
Kiriki	*Greek*
Tiamani	*German*
He roa ōu makawe	*You have long hair*
He poto ōna makawe	*She has short hair*
He roa, he urukehu ngā makawe o taku wahine	*My wife has long, blonde hair*
He mingimingi ngā makawe o tāna tama	*His son has curly hair*
He poto, he pango ōku makawe	*My hair is short and black*
He ataahua ō karu kikorangi	*Your blue eyes are beautiful*
He karu hāuratea ōku	*I have brown eyes*

Tokomaha ngā Māori karu kākāriki kei te Tai Rāwhiti	*There are many green-eyed Māori on the East Coast*
He huruhuru ōna tukemata	*He has bushy eyebrows*
Pania tō kiri kōrakorako ki te ārai tīkākā	*Put some sunblock on your white freckled skin*
Kātahi anō au ka kite i te kanohi ātaahua o te ao	*I have just seen the most gorgeous face in the world*
He Pākehā ō mātou hoa Tiriti	*The Europeans are our Treaty partners*
Ia rā, ia rā, tae mai ai he tauiwi	*Foreigners arrive here every day*
He Āhia te nuinga	*Most of them are Asian*
He Pāniora au	*I am Spanish*
No Ītāria tōna hoa	*His friend is from Italy*
He Hainamana tana wahine hou	*His new girlfriend is Chinese*
He Rūhia au engari kei Kiriki e noho ana	*I am Russian but I live in Greece*
He toa ngā Mangumangu Amerikana ki te tākaro	*Black Americans are champions at sports*

MAHI – PROFESSIONS

He aha tō mahi?	*What do you do for a living?*
Anei taku kāri	*Here's my card*
He . . . au	*I am . . .*
kaiako	a teacher
ētita	an editor
kaikaute	an accountant
ringatoi	an artist
kaihoahoa	an architect
ringawhao	a carver
kaihanga whare	a builder
kaipakihi	a business person
tākuta	a doctor
ringatuhi	a writer

kaihoko	a salesperson
kaiwaiata	a singer
kaipuoro	a musician
tauā / hōia	a soldier
kaimahi kāwanatanga	a government employee
kaitōrangapū	a politician

HOA KŌRERO – LANGUAGE PARTNER

One of the best ways to get the courage to speak, regardless of your level of study, is to work with a language partner who can provide a safe and encouraging environment to do just that.

It's best if your language partner is quite fluent, but even if they are a year or two ahead of you in studying te reo they will be an invaluable asset to your own language development. Language partners help you practise aspects of the language that you want to become more adept in. If you are fortunate enough to find a native speaker in your workplace, they can expose you to how native speakers use their own language. But remember, language partners are not language teachers. They are there to help you practise in real-life situations and speak about relevant topics and in relevant contexts. Once you've got a general basic understanding of the language, having someone to converse with is an excellent way to practise what you've learned, however, it's a practice session, it's not an ideal way to be introduced to complex grammar or to have a deep analysis of some of the intricacies of the language.

REO MŌ NGĀ KIRIPAEPAE
REO FOR THE FIRST POINT OF CONTACT

This section is mainly for the people who are the first point of contact at the workplace, whether they are at reception or on the phones, or both! Let's take a look at a basic conversation that could take place between a receptionist and a visitor. Mihi is the receptionist, Matatū is the visitor. They may or may not have just completed a hongi:

Ko Mihi: Kia ora, sir! *Mihi: Hello, e tā!*

Ko Matatū: Tēnā koe! *Matatū: Hello!*

Ko Mihi: Kei te pēhea koe? *Mihi: How are you?*

Ko Matatū: Kei te pai au, a *Matatū: I am good, and you?*
koe?

Ko Mihi: Kei te ora! He aha *Mihi: I am well! What can I do*
tāku māu i tēnei rā? *for you today?*

Ko Matatū: Nō Steelcraft au. *Matatū: I'm from Steelcraft.*
He hui tāku ki a Rāhera, *I have a meeting with Rachel,*
te tumu whakahaere. *the manager.*

Ko Mihi: Ka pai. Ko wai tō *Mihi: Very good. What is your*
ingoa? *name?*

Ko Matatū: Ko Matatū. *Matatū: It's Matatū.*

Ko Mihi: Ka pai. Māku ia e *Mihi: Great. I will let her know*
whakamōhio kei konei *you are here.*
koe.

Ko Matatū: Tēnā koe. *Matatū: Thank you.*

Ko Mihi: He inu māu? *Mihi: Would you like*
something to drink?

Ko Matatū: Āe. He tī, tēnā *Matatū: Yes. A cup of tea,*
koa! *please!*

Ko Mihi: He huka, he miraka? *Mītai: Sugar, milk?*

Ko Matatū: Kia kotahi te huka *Matatū: One sugar and milk.*
me te miraka.

Ko Mihi: Ka pai. E noho. *Mihi: Fantastic. Take a seat.*
E kore e roa. *Won't be long.*

You will have noticed in the conversation that there are two basic greetings when addressing one person; *kia ora* and *tēnā koe*. Both greetings are widely known in Aotearoa New Zealand. These will change depending on how many you are talking to. If you are greeting two people, use the personal pronoun *kōrua* which means *you two*, for example, *kia ora kōrua* or *tēnā kōrua*. If you are greeting three or more people, use *koutou*: *Kia ora koutou* or *tēnā koutou*. Terms of address are frequently used instead of names.

In this example, Mihi uses *e tā*, the Māori equivalent of *sir*, to address Matatū. Some of the most common terms of address are:

e hoa	*used for a friend*
e kare	*used for an intimate friend*
e tama	*used for a boy or young man*
e hine	*used for a girl or young woman*
e koro	*used for an elderly man*
e kui	*used for an elderly woman*
e tā	*used in a similar way to 'sir' in English*
e te kahurangi	*used in a similar way to 'madam' in English*
e te matua	*used for a male a generation older than you*
e te whaea	*used for a female a generation older than you*
e te rangatira	*used for a person of rank*

The age of the speaker and the person being addressed will influence which term is used. The word *mā* can be used if more than one person is being addressed, e.g., *tēnā koutou e koro mā* and *tēnā kōrua e kare mā*, but not when the function words *te* or *ngā* are present as they are in the *e te matua* and *e te rāngatira* examples. Personal names can also be used when greeting, but remember, if the name is a short one with only one long or two short vowels then it is preceded by *e*, for example, *e Hone, e Pita*. If it's longer or not a Māori name, the *e* is disregarded, which would be the case for these names: Te Ururoa, Tariana, William, Joe.

It's highly probable that the first question you will ask when greeting someone will be, 'Kei te pēhea koe?' (How are you?) There are dialectal differences around this question. People in the Waikato area prefer, 'E pēwhea ana koe?' and we have already discussed the 'Kai te aha?' style of the East Coast speakers! Don't forget to do your maths and perform a quick count up in your head of how many people you are greeting. The *kōrua* for two people or the *koutou* for three or more people may need to be on the end of your question instead of *koe* for one person. You'll find that most people will respond with 'Kei te pai au' or 'E pai ana au', meaning 'I am well', but here are some more responses to choose from:

Kei te tino ora au	*I am in very good health*
Kei te tino pai au	*I am very well*
Kāore au i te tino pai	*I am not very well*
Kei te ngenge au	*I am tired*
Kei te māuiui au	*I am sick*
Kei te riri au	*I am angry*
Kei te hūhē au	*I am exhausted*
Kei te honuhonu au	*I am nauseous*
Kei te hiamoe au	*I am sleepy*
Kei te hiainu au	*I am thirsty*
Kei te hiakai au	*I am hungry*
Kei te kaha tonu au	*I am still strong*

And some more colloquial style responses to the 'Kei te pēhea?' question could be:

Taua āhua anō	*As per usual*
Kei raro e putu ana	*Not coping, going under*
Heoi anō	*So so*
Te mutunga kē mai o te pai!	*Couldn't be better!*

After these initial formalities, Mihi and Matatū then proceed to establish what the purpose of Matatū's visit is, which is to have a meeting with the manager, Rachel. In Māori contexts especially, people will generally be interested in finding out what your tribal affiliations are and what region you are from before they even think about asking what your name is. They might not even ask your name at all! Don't worry, this is quite typical so don't get offended. The basis for this particular cultural anomaly of the Māori people stems from an ancient philosophy that encouraged focus on the wellbeing of the group before that of the individual, similar in ethos to that well-known saying, 'It's not what your tribe can do for you, but what you can do for your tribe!' The questions *Nō hea koe?* and *Ko wai ō iwi?* are asked to establish a kinship relationship before an individual one is created.

What about a conversation on the phone? Let's take a look and start off with introductions.

Ko Mihi: Kia ora, nau mai ki Kora, ko Mihi tēnei, he aha tāku māu?	*Mihi: Hello, welcome to Spark, this is Mihi, how can I help you?*
Ko Matatū: Tēnā koe, ko Matatū tōku ingoa. Nō Steelcraft au. Kei konā a Rāhera, te tumu whakahaere?	*Matatū: Hello, my name is Matatū. I'm from Steelcraft. Is Rachel, the manager, available?*

Here are some possible responses:

Ko Mihi: Āe, taihoa.	*Mihi: Yes, please hold.*
Or	
Ko Mihi: Kāo, kua puta ia. He karere tāu māna?	*Mihi: No, she's out. Do you want to leave a message?*
Ko Matatū: Āe, kī atu, ka waea anō au ā te rua karaka.	*Matatū: Yes, tell her I will ring again at 2pm.*
Ko Mihi: Ka pai, e tā. Ngā mihi.	*Mihi: Very good, sir. Thank you.*
Ko Matatū: Āe, ngā mihi.	*Matatū: Yes, thank you.*
Or	
Ko Mihi: Kāo, kei te hui ia. He karere tāu māna?	*Mihi: No, she's in a meeting. Do you want to leave a message?*
Ko Matatū: Me īmēra au ki a ia. He aha tana īmēra?	*Matatū: I will email her. What is her email?*

Ko Mihi: rachel-ki-tūlimited-irakati-co-irakati-nz	*Mihi: rachel@tūlimited.co.nz*
Ko Matatū: Ka pai. Ngā mihi ki a koe, hei te wā!	*Matatū: Very good. Thank you very much, goodbye.*
Ko Mihi: Tēnā koe, e tā, hei te wā.	*Mihi: Thank you, sir, goodbye.*

So, in summary:

Mihi	**Greetings**
Kia ora	*Hi*
Tēnā koe	*Hello (to one person)*
Tēnā kōrua	*Hello (to two people)*
Tēnā koutou	*Hello (to three or more people)*

Pātai	**Question**
Kei te pēhea koe?	*How are you?*

Whakautu	**Responses**
Kei te pai au	*I am good*
Kei te tino ora	*I am in great health*
Me koe? / A koe?	*And you?*

Pōwaiwai	**Farewells**
Ka kite anō	*See you again*
Hei konā	*See you later*
Hei te wā	*Goodbye*
Haere rā	*Goodbye (to someone leaving)*
E noho rā	*Goodbye (to someone staying)*

2. KO TE REO MŌ NGĀ TARI ME NGĀ PAKIHI
REO FOR THE OFFICE AND BUSINESS

KŌRERO WHAKATAKI
INTRODUCTION

Many workplaces in Aotearoa New Zealand place a lot of value on the ability of their employees to speak Māori. Government departments especially are constantly on the lookout for Māori language speakers and even have 'the ability to understand or speak Māori' written into a lot of their job descriptions. Broadcasting and Education are other areas screaming out for people who are able to speak Māori. Some of our banks have been very proactive in promoting the indigenous language of Aotearoa, especially Heartland, who include te reo Māori in all their annual reports, and have te reo Māori classes for their staff. Ngā mihi Heartland! Tino pai! You are the reason there is a special section in this chapter focused on te reo Māori and money! There are many reasons for learning and promoting te reo Māori but look no further than making yourself more employable as one of the main reasons for you to get cracking and learn a bit of reo.

So let's have a look at some of the words and phrases that will help you speak Māori in the office.

SIGNAGE FOR THE OFFICE

Kāmuri / Wharekai	*Cafeteria*
Maramataka	*Calendar*
Tūnga waka	*Car park*
Whakarārangi	*Catalogue*
Tūtohinga	*Charter*
Whata pouheni	*Cloakroom*
Rorohiko	*Computer*
Papamahi	*Desk*
Ara maiangi	*Escalator*
Kutētē	*Espresso machine*
Putanga	*Exit*
Pūpoho kōnae	*Filing cabinet*
Roro	*Foyer*
Pūmanawa tangata	*Human resources*
Pārongo	*Information*
Pae reta mai	*In-tray*
Mātauranga Hangarau	*IT*
Ararewa	*Lift*
Kōmiringa kōpaki	*Mailroom*
Kūaha matua	*Main entrance*
Roro matua	*Main foyer*
Tumu whakahaere	*Manager*
Rūma hui	*Meeting room*
Kaua e kuhu mai	*No admittance*
Kaua e puta mā konei	*No exit*
Pae reta atu	*Out-tray*
Pūrere whakaahua	*Photocopier*
Pūrere tā	*Printer*
Taupaepae	*Reception area*
Kiripaepae	*Receptionist*
Kaupare māhie / Tautiaki	*Security guard*

Taiuhanga tūroro	*Sick bay*
Rawa ako	*Stationery*
Paepae	*Tray*
Puna wai	*Water fountain*
Nau mai	*Welcome*

KUPU WHAI TAKE – HANDY WORDS

Tari	*Office*
Wāhi mahi	*Workplace*
Pukapuka kāinga noho	*Address book*
Tahua	*Bank account*
Tahua haki	*Cheque account*
Tahua penapena	*Savings account*
Pukapuka kaute	*Account book*
Wā kaute	*Accounting period*
Utu whakahaere	*Administrative cost*
Pānui	*Advertisement*
Pānuitanga	*Advertising*
Paramanawa	*Afternoon / Morning tea*
Rārangi take	*Agenda*
Tāpiritanga	*Appendix*
Kaitono	*Applicant*
Tono	*Application*
Pukatono	*Application form*
Pia	*Apprentice*
Pūranga	*Archive*
Hoahoa pere	*Arrow diagram*
Arotake	*Assessment*
Hua	*Asset*
Hua wātea	*Current asset*
Hua pūmau	*Fixed asset*
Kaiāwhina	*Assistant*
Whakatau tango moni	*Attachment order*
Ataata rongo	*Audiovisual*
Tātari kaute	*Audit*

Maheu tātari kaute	*Audit trail*
Kaitātari kaute	*Auditor*
Aunoa	*Automatic*
Wetonoa	*Automatic switch off*
Nama kāre i utua	*Bad debt*
Ripanga kaute	*Balance sheet*
Kāri tahua	*Bank card*
Pūrongo tahua	*Bank statement*
Kaihau	*Bankrupt*
Pūrere tuitui	*Binding machine*
Miramira	*Bold printing*
Mino	*Borrow*
Taiapa	*Bracket*
Kopamārō	*Briefcase*
Rawhipuka	*Bulldog clip*
Taero	*Bureaucracy*
Umanga	*Business*
Kaipakihi	*Businessman / Businesswoman*
Kaihoko	*Buyer*
Tātai	*Calculate*
Tātaitanga	*Calculation*
Tātaitai	*Calculator*
Kopounga	*Candidate (successful)*
Haupū rawa	*Capital (finance)*
Pūmatua	*Capital letter*
Pūriki	*Lower case letter*
Ukauka	*Cash*
Kape whiti	*Cashflow*
Hake ukauka	*Cash register*
Mahi waimori	*Casual job*
Kaimahi waimori	*Casual worker*
Kawe reo	*Cellphone*
Taunaki whanonga	*Character reference*
Mahere	*Chart*

Kiritaki	*Client*
Apataki	*Client base*
Rawhi	*Clip*
Papa rawhi	*Clipboard*
Hoamahi	*Colleague*
Tauhokohoko	*Commerce*
Arumoni	*Commercial*
Paremata	*Compensation*
Tohungatanga	*Competence*
Matatapu	*Confidential*
Whakaū	*Confirm*
Kirimana	*Contract*
Tārua	*Copy*
Mana tārua	*Copyright*
Rangatōpū	*Corporate*
Mahere rangatōpū	*Corporate plan*
Ratonga rangatōpū	*Corporate service*
Tokapū	*Corporation*
Tāhuhu tangata	*Curriculum vitae (CV)*
Raraunga	*Data*
Pātengi raraunga	*Database*
Pou rangi	*Date stamp*
Māngai	*Delegate*
Apatono	*Delegation*
Moni tāpui	*Deposit*
Pūtea penaroa	*Long-term deposit*
Pūtea penapoto	*Short-term deposit*
Hoahoa	*Diagram*
Pānui-ā-waha	*Dictation*
Raraunga motumotu	*Discrete data*
Tītari	*Distribute*
Wāhanga	*Division*
Tuhinga	*Document*
Moni tāpui	*Down payment*

Hukihuki	*Draft*
Ōhanga	*Economy*
Putanga	*Edition*
Noho tapu	*Embargo*
Raweke pūtea	*Embezzlement*
Kaimahi	*Employee*
Kaiwhakawhiwhi mahi	*Employer*
Taputapu	*Equipment*
Ūkui	*Erase*
Muku	*Eraser*
Whakatau tata	*Estimate*
Matatika	*Ethics*
Whakapaunga	*Expenditure*
Katete	*Extension cord*
Mure	*Extortion*
Tohitū whakanao	*Factory*
Ka whaihua	*Feasible*
Kāre e whaihua	*Not feasible*
Utu	*Fee*
Kōnae	*File*
Rārangi kōnae	*File list*
Taunahatanga	*Financial liability*
Whakahou tikanga pūtea	*Financial reform*
Mahere hura	*Flipchart*
Papa whenua	*Ground floor*
Papa tāuru	*Top floor*
Mahere ripo	*Flowchart*
Kōpaki	*Folder*
Kupu tāpiri	*Footnote*
Pene pāhīhī	*Fountain pen*
Pou tarāwaho	*Frame of reference / framework*
Tūtohi auau	*Frequency chart*
Kāpia	*Glue*

Pūtea penihana kāwanatanga	*Government Superannuation Fund*
Takuhe	*Grant*
Kauwhata	*Graph*
Kauwhata pou	*Bar graph*
Kauwhata toro	*Line graph*
Kauwhata porohita	*Pie chart*
Kupu taurangi	*Guarantee*
Tānga	*Hard copy*
Miramira	*Highlight*
Hoko harangotengote	*Hire purchase*
Whakamatuatanga	*Holiday*
Utu whakamatuatanga	*Holiday pay*
Moni whiwhi	*Income*
Manatōpū	*Incorporated society*
Ahumahi	*Industrial / Industry*
Papa ahumahi	*Industrial land*
Mahi ngātahi	*Industrial relations*
Hautai waituhi	*Inkpad*
Wai hōrū	*Red ink*
Wai pukepoto	*Blue ink*
Wai ngārahu	*Black ink*
Rīanga	*Insurance*
Rīanga waka	*Car insurance*
Rīanga whare	*House insurance*
Rīanga tangata	*Life insurance*
Mana whakairo hinengaro	*Intellectual property rights*
Huamoni	*Interest*
Patapatai	*Interview*
Kaipatapatai	*Interviewer*
Haumi	*Invest / Investment*
Haumi roroa	*Long-term investment*
Haumi popoto	*Short-term investment*
Nama	*Invoice*

Tau tāke	*IRD number*
Tapanga	*Label*
Hunga mahi	*Labour force*
Tā taiaho	*Laser printer*
Hoko tāpui	*Lay-by*
Hoatu taurewa	*Lend*
Huaki reta	*Letter opener*
Upoko reta	*Letterhead*
Takawaenga	*Liaison*
Taunaha tāpui	*Limited liability*
Umanga taunaha tāpui	*Limited liability company*
Pūtea taurewa	*Loan*
Waitohu	*Logo*
Aukume	*Magnet*
Karu whakarahi	*Magnifying glass*
Kōpaki	*Mail*
Mana kōkiri	*Mandate*
Whakanao	*Manufacture*
Mārehe	*Meticulous*
Kaiāmiki	*Minute-taker*
Āmiki	*Minute-taking*
Whakawhiti whakaaro	*Negotiate*
Pukatuhi	*Notebook*
Tuhi tīpoka	*Note-taking*
Whāinga	*Objective*
Whāinga roa	*Long-term objective*
Whāinga poto	*Short-term objective*
Ārai hauata mahi	*Occupational safety*
Whakatuwheratanga	*Opening ceremony*
Kaiwhakahaere	*Organiser*
Mōkihi	*Package*
Tākai	*Packaging*
Pānui whakamārama	*Pamphlet*
Kini pepa	*Paper clip*
Whakangaku pepa	*Paper shredder*

Kaimahi harangotengote	*Part-time worker*
Ipu pene	*Pen holder*
Pene rākau	*Pencil*
Whakakoi pene rākau	*Pencil sharpener*
Ō manapou	*Petty cash*
Tāpine	*Pin*
Kaupapa here	*Policy*
Utu karere	*Postage cost*
Pane kuīni	*Postage stamp*
Tohu karere	*Postal code*
Tukuata	*PowerPoint display*
Utu tōmua	*Prepay*
Pouaka motuhake	*Private bag*
Inekoki	*Protractor*
Ū ki te hāora i whakaritea ai	*Punctual*
Puka whakamana utu	*Receipt*
Taiutu	*Remuneration*
Pūrongo	*Report*
Ruruku	*Ring binder*
Hererapa	*Rubberband*
Pourapa	*Rubber stamp*
Tauine	*Ruler*
Kutikuti	*Scissors*
Rāngai	*Sector*
Rāngai tūmataiti	*Private sector*
Rāngai tūmatanui	*Public sector*
Hāpiapia	*Sellotape*
Kū whakatika	*Twink (correction fluid)*
Utu whakamutu mahi	*Severance pay*
Mahi tīpako	*Shift work*
Kaimahi tīpakopako	*Shift worker*
Tātaki kupu	*Spelling*
Makatiti	*Staple / Stapler*
Tango makatiti	*Staple remover*
Tatauranga	*Statistics*

Kōhukihuki / Ahotea	*Stress*
Pōkaikaha	*Stressed out*
Pae huatau	*Suggestion box*
Pūnaha	*System*
Puka tāke	*Tax return*
Tāke tārewa	*Provisional tax*
Puka hāora mahi	*Timesheet*
Patopato	*Type*
Whakarauwaka tuhinga	*Typesetter*
Papamā	*Whiteboard*
Tuataka tuhi	*Writing pad*

RERENGA WHAI TAKE – HANDY PHRASES

Belonging to *(Ko / Nā / Nō)*

Ko Mark te kopounga ka whakawhiwhia nei ki te mahi!	*Mark is the successful candidate who will be offered the job!*
Ko ētahi o ēnei whakaaro ka whaihua, ko ētahi anō kāore e whaihua	*Some of these ideas are feasible, some are not feasible*
Ko wai rāua?	*Who are they?*
Aua, engari kei te pīrangi hui rāua ki te tumu!	*No idea, but they want to meet with the manager!*
Nā ngā kaupare māhie te wāhi nei i tiaki inapō	*The security guards looked after this place last night*
Nāu ngā kōrero o tēnei hui i tuhi tīpoka, nē?	*You did the note-taking for this meeting, didn't you?*
Nā wai taku makatiti i tāhae?	*Who stole my stapler?*
Nōku te whanaunga i whai ai i te tūranga	*The one who got the position is a relation of mine*

Description *(He)*

He rongo pai tērā i mua tonu i te wā kaute!	*That's great news just before the financial year accounts period!*

He tokomaha mārika ngā kaitono i te tūranga	*There are lots of applicants for the position*
He hoa taumuri tōku, kei a ia ngā pūkenga e kimihia ana engari kāore ia i whakakī i te pukatono	*I have an old friend who has all the skills required but he didn't fill out the application form*
He kaipakihi rangatira ia i Microsoft!	*She is a top businesswoman at Microsoft!*
He tino rawe aku hoamahi!	*My colleagues are really fantastic!*
He tuhinga hukihuki noa ake tēnei, engari tirohia ake	*This is just a draft but take a look at it please*
He kaimahi waimori au ki te Tari Tāke	*I am a casual worker at the Inland Revenue Department*
He tauine hōu tāu?	*Have you got a new ruler?*
He uaua te mahi a te kaimahi tīpakopako	*The job of a shift worker is very difficult*

Location (Kei hea?) and Possession (Kei a)

Kei roto te Tiriti o Waitangi i te tūtohinga	*The Treaty of Waitangi is in the charter*
Kei hea aku kutikuti?	*Where are my scissors?*
Kei a wai te kōnae mō te umanga o Chorus?	*Who has the file for Chorus?*
Kei a Māka ngā tatauranga tika hei titiro mā tātou	*Mark has the correct statistical information for us to view*
Kei hea ngā pānui whakamārama?	*Where are the pamphlets?*
Kei roto ngā kini pepa i te hautō	*The paper clips are in the drawer*
Kei roto ngā kōrero tapu i te whakangaku pepa	*The confidential papers are in the paper shredder*
I hea tā tātou kaimahi harangotengote inanahi?	*Where was our part-time worker yesterday?*

Command (Should = *Me*)

Me tūtaki tāua i te kāmuri hei te tahi	*Let's (you and I) meet at the cafeteria at 1pm*
Me whakaiti iho i ō utu whakahaere	*You need to cut down on administrative costs*
Me hoko rīanga tangata koe kia kore ai tō whānau e oke inā tūpono aituā koe!	*You should buy life insurance, so your family doesn't struggle if something happens to you!*
Me whai tēnei tuhinga i te upoko reta o te umanga	*This piece of writing needs to have the company's letterhead attached*
Me kimi kaimahi harangotengote koe	*You need to find some part-time workers*
Me tatari mai ki a au i te taupaepae!	*Wait for me in the reception area!*

Command (Don't = *Kaua*)

Kaua e wareware i a koe tō kopamārō!	*Don't forget your briefcase!*
Kaua e wareware, ko au te kaiwhakawhiwhi mahi, ko koe te kaimahi!	*Just remember, I am the employer and you are the employee!*
Kaua e utu tōmua, heahea tēnā!	*Don't prepay, that's a stupid thing to do!*
Kaua e takaroa te tuku mai ki te pouaka motuhake	*Don't be late in sending it to the private bag*
Kaua e mino anō i taku inekoki me te kore pātai mai	*Don't borrow my protractor again without asking*
Kaua e wareware ki te ū ki te hāora i whakaritea ai	*Don't forget to be punctual*
Kaua e tuku puka whakamana utu, kāore e pirangitia ana	*Don't send a receipt, it is not required*

Kaua e kōrero mai mō te taiutu mēna kāore anō koe kia mahi i te mahi	*Don't talk to me about remuneration if you haven't done the job*

Command (Do = *Kia* and using passives to give command; *-ngia, -ria, -tia, -hia, -a,* etc.)

Tuhia tōna ingoa ki taku pukapuka kāinga noho	*Write his name in my address book*
Waeahia atu a Richard mō tana taunaki whanonga	*Ring Richard for his character reference*
Tiakina ō kiritaki! Koirā te mea nui!	*Look after your clients! That is the most important thing!*
Tukuna mai tō tāhuhu tangata	*Send me your CV*
Mahia mai he kauwhata pou mō ēnei tatauranga!	*Show me these statistics in a bar graph!*

Action Phrase (Future tense = *Ka*)

Ka noho pia ahau ki a Hemana mō tēnei wā	*I will be Hemana's apprentice for now*
Ka whai tūnga waka motuhake koe	*You will get your own carpark*
Ka whai kawe reo kore utu hoki koe	*You will also get a free mobile phone*
Ka mate pea ki te mino pūtea i te whare tahua kia ora tonu ai	*We might have to borrow money from the bank to stay afloat*

Action Phrase (Present tense = *Kei te . . .*)

Kei te whai whakaaro mātou ki te hanga kaupapa pānui whakatairanga	*We are thinking of an advertising campaign*
Hei aha?	*What for?*
Hei pānui i ā tātou taonga hoko ki roto i ngā mōheni	*To advertise our product in the magazines*

Kei te pōkaikaha koe, me okioki mō ētahi rā!	*You are stressed out, take a break for a few days!*
Kei te raruraru ngā tahua a te umanga!	*The business's bank accounts are in trouble!*
Kei te whakanui i te huritau o te umanga hei te paramanawa	*We are celebrating the company's birthday at morning tea*
Kei te whakarite tonu au i tō kirimana	*I am still finalising your contract*
Kei te tino ngoikore ngā tikanga ārai hauata mahi o tēnei wāhi mahi!	*The occupational safety standards at this workplace are abysmal!*
Kei te tiki ō manapou mō te haere, e te rangatira	*I am getting some petty cash for the trip, boss*
Kei te puta ake i te pūrere whakaahua ināianei	*It's coming out of the photocopier now*
Kei te tuhi pūrongo taku kiripaepae	*My receptionist is writing a report*
Kei te arotakehia te umanga mō te ono wiki kia kitea ai he aha ōna hua wātea, hua pūmau, me āna rautaki whakamua; kia mōhio ai hoki he aha āna nama kāre i utua, ā, ka eke rānei ki te kaihautanga	*The company is being assessed for 6 weeks to analyse what are its current assets, fixed assets, and future strategies; and so we also know what are its bad debts, and if it is in danger of going bankrupt*

Action Phrase (Have / Has = *Kua*)

Kua pakaru anō te pūrere tuitui!	*The binding machine is broken again!*
Kua miramiratia e au ngā kōrero nui	*I have highlighted the important points*
Kua pau te hāpiapia me te kū whakatika o taku tari!	*The Sellotape and Twink have run out in my office!*

Kua whakatūria he whāinga roa hei ārahi i te pakihi	*A long-term objective has been set to guide the business*
Kua oti kē he whāinga poto te whakatū?	*Has a short-term objective already been established?*
Kua aronui mātou ki te whakatutuki whāinga	*We have really focused on achieving the objectives*
Kua whai whakaaro koe ki te ārai hauata mahi?	*Have you thought about occupational safety?*
Kua oti ngā whakaritenga mō te whakatuwheratanga	*The arrangements for the opening ceremony have been completed*
Kua tohua ko Mere hei kaiwhakahaere	*Mere has been appointed as the organiser*
Kua tae mai he mōkihi māu	*A package has arrived for you*

Action Phrase (Past tense = *I*)

I te Rāhoroi te whakatuwheratanga o te whare hou	*The opening ceremony for the new building was on Saturday*
I pā te ahotea ki a ia, koia ia i wehe ai	*He / She was affected by stress, that's why he / she left*
I te raru nui te nuinga o ngā kaimahi i te pōkaikaha	*Most of the staff were stressed out*
I whakaritea he pae huatau kia rongo ai i ngā whakaaro o te marea	*A suggestion box was organised so that we could hear the thoughts of the wider community*
I hē katoa te pūnaha whakahiato ora o tērā whenua	*That country's welfare system was all wrong*
I tukuna e au te puka tāke i tērā wiki	*I filed the tax return last week*
I oti i a koe te tāke tārewa?	*Did you complete the provisional tax?*

| I whakakī ia i ngā puka hāora mahi nō reira me whai utu ia | *He / She filled in the timesheet so he / she should be paid* |

NGĀ KĪWAHA – COLLOQUIALISMS AND SLANG

Ka kai koe i tō tūtae!	*You will regret it!*
Parahutihuti ana te haere!	*Couldn't see them for dust!*
Mā tēnā ka aha?	*What difference will that make?*
Nāna anō tōna mate i kimi!	*She / He thought she knew better*
Puku ana te rae!	*He / She hit the roof!*

ĒTAHI ATU RERENGA WHAI TAKE – OTHER HANDY PHRASES

Te tahua haki me te tahua penapena?	*The cheque account and the savings account?*
E ai ki ngā pukapuka kaute, kua whai hua koe i tēnei tau!	*According to the account books, you have made a profit this year!*
Anei te rārangi take mō tā tātou hui	*Here is the agenda for our meeting*
Mā reira e whanake ai te apataki o tēnei umanga!	*By doing that, the client base of this business will grow!*
Ko taku kōrero e whai ake nei, he matatapu	*What I am about to say is confidential*
Ko te moni e toe ana ka tukuna ki tētahi pūtea penaroa	*The leftover money is deposited into a long-term account*
Tekau ōrau o tō utu ka haere ki te pūtea penihana kāwanatanga	*Ten percent of your income goes to the Government Superannuation Fund*
E kī ana te pae reta mai!	*The in-tray is full up!*
He aha tāna tau tāke?	*What's her IRD number?*

Tokorua ngā tāngata kei te kūaha matua e tatari ana ki a koe	*There are two people at the main entrance waiting to see you*
He pouaka motuhake tā mātou – tahi-tahi-rima-whā, pokapū o Tāmaki	*We have a Private Bag address; it's 1154 Auckland CBD*
Ko tōna pai, he ū ki te hāora i whakaritea ai	*His best attribute is that he is punctual*
Anei tō utu whakamutu mahi, arā te kūaha!	*Here is your severance pay, and there is the door!*

REO MŌ NGĀ WHARE TAHUA – SOME LANGUAGE FOR BANKS

Utunga ā-wiki	*Weekly take-home pay*
Ngā takuhe, ētahi atu pūtea taunaki i te kāwananga	*Benefits or other government support*
Penihana	*NZ Super payments*
Hua Tāke Oranga Whānau	*Working for Families income*
Utu taunaki tamaiti	*Child support*
Utunga nōhanga	*Board payments*
Ngā utu hua moni	*Interest / Dividend payments*
Ētahi atu pūtea	*Other income*
Kai me te mahi ā-whare	*Food and housekeeping*
Utunga haere	*Fares*
Kōhinu	*Petrol*
Pūtea hoko	*Personal cash*
Ngā pukapuka kura, haerenga kura, arā noa atu.	*Children's schoolbooks, school trips, etc.*
Utunga harangote ki Te Hiranga Tangata	*WINZ (Work and Income NZ) repayments*
Koha (whare karakia, aroha)	*Donations (church, charity)*
Pūtea hoko (hikareti, whakangahau)	*Personal cash (e.g. cigarettes, entertainment)*
Ngā utunga mōkete	*Mortgage payments*
Hiko / Kapuni	*Power / Gas*

Waea (waea pūkoro me te ipurangi hoki)	*Telephone (including mobile, broadband)*
Rīanga (whare, taputapu, waka, hauora, oranga tangata)	*Insurances (house, contents, car, medical, life)*
Pūtea taurewa (taurewa waka, taurewa whaiaro)	*Loans (e.g. car loans, personal loans)*
Rīhinga taputapu (mīhini horoi kākahu, pouaka whakaata)	Equipment rental (e.g. washing machine, TV)
Utu whare pūtea	*Bank fees*
Kāri taurewa	*Credit card*
Tāke kaunihera (me te wai)	*Rates (including water)*
Raihana waka me te whakamana waka	*Car registration and warrant of fitness*
Whakatika motokā	*Car maintenance and repairs*
Ngā utu me ngā koha – kura, kura pūhou, karapū	*Fees and subscriptions – schools, kindergarten, clubs*
Hauora (tākuta, rata niho, tono rongoā)	*Medical (including doctor, dentist, prescriptions)*
Rēhita kurī me te rata kararehe	*Dog registration and vet*
Whakatika whare	*Home maintenance*
Kākahu, hū, kākahu kura	*Clothing, shoes, uniforms*
Koha	*Gifts*
Haerenga	*Holidays*
Penapena pūtea	*Savings*
He tīmohea ka pakari ā tōna wā	*A little becomes a lot over time*
Whakaritea ō whāinga penapena pūtea	*Set your savings goals*
Te mana o te huamoni pūhui	*The power of compound interest*
Tō rautaki penapena pūtea	*Make a savings plan*
He huarahi e tutuki ai tō penapena pūtea	*Tips for successful saving*

He mea nui te penapena pūtea i ngā wā katoa e ea ai ō tahua	*Learning to be a regular saver is a big step towards getting your finances sorted*
He whakaaro pai ki te penapena pūtea mō ngā tūāhua ohorere	*It's a good idea to save some money for emergencies*
Ko KiwiSaver te huarahi māmā hei whai māu ki te penapena pūtea mō te whakatānga	*KiwiSaver is an easy way to save for retirement*
Ko te painga atu mehemea ka wawe tō penapena pūtea mō te whakatānga	*The earlier you start saving for retirement the better*
I a koe e penapena pūtea ana, tāpirihia ai te huamoni ki tō pūtea (i ia marama)	*When you're saving, interest is regularly added to your savings (usually every month)*
Me iti noa i te tīmatanga	*Start small*
Me wawe	*Start early*
Me whakatikanga	*Get into the habit*
Me whai rautaki	*Make a plan*
Tiaki Pūtea	*Budgeting*
Te whakarite pūtea e tutuki ai ō whāinga pūtea	*Money planning to meet your financial goals*
He aha te tahua?	*What is a budget?*
Te whakarite tahua	*Making a budget*
Te kimi āwhina	*Getting help*
Ka whai hua te katoa i te tiaki tahua	*Everyone can benefit from having a budget*
Mā te tahua koe e mōhio ai mehemea he pūtea kei reira tonu (he toenga pūtea), karekau rānei ki te whakaea i ō nama (he takarepa)	*Your budget will tell you whether you have money left over (a surplus) or not enough money to cover your spending (a deficit)*

E tutuki ai tētehi tahua, me tika, me oti hoki ngā pārongo katoa	*For a budget to work, the information needs to be accurate and complete*
He ngāwari noa te whai i te nama, he uaua ake te utu i te nama	*Easy to get into debt, harder to get out*
Me āta whakaaro i mua i te tono	*Think before you borrow*
Me mōhio koe ki ngā whiringa	*Know your options*
Me whakarite koe i tētehi rautaki utu harangote nama	*Make a debt repayment plan*
He nama kē te tono pūtea.	*Borrowing money is called getting into debt*
Kia tūpato i a koe ka tono pūtea ki te hoko i ngā mea kāore e piki te utu (ka heke rānei te utu), pērā i ngā pūrere hiko me ngā waka	*Be careful about borrowing for things that don't increase (or that will even decrease) in value like appliances and cars*
Ko te huamoni te pūtea e utu ai koe ki te kaitaupua pūtea nāna tō tono i whakaae kia tukua e ia tana pūtea ki tō tahua	*Interest is the money you pay in return for using someone else's money*
Me pātai koe ki a koe anō – me tono pūtea rānei koe e noho nama ai koe?	*Ask yourself – do you really need to borrow money and get into debt?*

WHAKATAUKĪ – PROVERBS

And in our usual style, let's complete this section by exploring some relevant and useful proverbs regarding the topic in this chapter.

Hōhonu kakī, pāpaku uaua

Long on words, short on actions

There always seems to be an appropriate time to use this one, no matter what the context!

E kore e taea e te rā te waru

Difficult matters require time to deal with them

An appropriate one to use, whether during business meetings or in the bank, dealing with a client. There will undoubtedly be times when you will encounter some difficult issues that you can't solve in a short space of time.

E tata tapahi, e roa whakatū

Procrastination is the thief of time

Don't leave for tomorrow what you can accomplish today!

Okea ururoatia

Never say die

Determination and tenacity are always good traits to have. Just like when you hook a shark or a white pointer and it fights you to the bitter end! Its fighting spirit was admired by our ancestors and gave birth to this proverb.

3. KO TE REO HANGARAU ME TE REO MATIHIKO
REO FOR TECHNOLOGY AND THE DIGITAL SPHERE

KŌRERO WHAKATAKI
INTRODUCTION

Te ao hangarau, or the digital world, is something that we have to continually recognise and keep up with in the workplace. There are always new and exciting innovations emerging to streamline and enhance the national and international objectives of businesses right throughout Aotearoa. The digital world has required innovation in terms of Māori language too so that we can express this fairly new element of our lives. The great thing about Māori words is that they often describe the purpose or mechanisms of equipment in the name. For instance, *rorohiko* or *computer* can be broken down literally to *roro* (brain) and *hiko* (electric) which is a pretty great description for a computer!

The following list of words are computer-related. Technology is moving fast, and the Māori language is moving with it.

KUPU WHAI TAKE – HANDY WORDS

Ngā momo pūrere matihiko – Types of digital devices

Waea pūkoro	*Mobile phone*
Waea atamai	*Smartphone*
Pūrere	*Device (generic)*
īWaea	*iPhone*
īPapa	*iPad*
īRangi	*iTunes*
Rorohiko	*Computer*
Rorohiko pōnaho	*Laptop*
Papahiko	*Tablet*
Matatopa	*Drone*
Pouaka whakaata atamai	*Smart TV*

Ngā kupu ki te rorohiko – Computer-related words

Rorohiko	*Computer*
Rorohiko pōnaho	*Laptop computer*
Rorohiko matua	*Mainframe computer*
Pātuhi	*Key (on keyboard)*
Papa pātuhi	*Keyboard*
Mata rorohiko	*Computer screen*
Kāpeka rorohiko	*Computer terminal*
Wehe whārangi	*Page break*
Tiro whārangi	*Page view*
Kōwae	*Paragraph*
Hanumi	*Merge*
Pāwhiri	*Click on*
Kati	*Close / Turn off*
Whakaoho	*Turn on*
Pehu	*Cursor*
Rārangi kopaki	*Directory*
Kōpae	*Disk*

Puku rorohiko	*Disk-drive unit*
Whakaatu	*Display*
Karere rorohiko / īmēra	*Email*
Waiho	*Exit*
Kōpae matua	*Hard disk*
Momo tuhi	*Font*
Whakatika i te takoto	*Format*
Ata	*Icon*
Ipurangi	*Internet*
Tā	*Print*
Tiro tānga	*Print preview*
Matawai	*Scanner*
Pūmanawa rorohiko	*Software computer*
Pātuhi mokowā	*Space bar*
Pūmanawa tātaki kupu	*Spell check*
Tāraro	*Underline*
Miramira	*Bold*
Tītaha	*Italics*
Hōtaka	*Programme*
Rorohiko whaiaro	*Personal computer*

Pāpāho pāpori – Social media

Pukamata	*Facebook*
Pae Tīhau	*Twitter*
Tīhau	*Tweet*
Paeāhua	*Instagram*
Atapaki	*Snapchat*
Puahi ipō	*Tinder*
Pūkete	*Profile*
MataWā	*FaceTime*
TiriAta	*YouTube*
Tohumarau	*Hashtag*
Whakahoa	*To 'friend' someone*
Wetehoa	*To 'unfriend' someone*
Whakaweti tāurungi	*Cyber bullying*

Haumaru ā-ipurangi	*Cyber safety*
Taupānga / pūmanawa tautono	*App*
Tohu kare ā-roto (or Emohi)	*Emoji*

Te ao matihiko whānui – Wider digital terms

Matihiko	*Digital*
Hangarau	*Technology*
Ipurangi	*Internet*
Kupu hipa / kupu tāuru	*Password*
Pae tukutuku	*Website*
Ahokore	*Wifi*
Pātuhi	*Text*
Tuihono	*Online*
Īmēra	*Email*
Kiriāhua	*Selfie*
Kapua	*Cloud*
Whakaū / tikiake	*Download*
Pāhorangi	*Podcast*
Rangitaki	*Blog*
Tangiao	*Soundcloud*
Ao mariko	*Augmented reality (AR)*
Tuhiwaehere	*Coding*
Atamariko	*Avatar*
Mata	*Screen*
Pāwhiri	*Click*
Pūhihiko	*Charger*
Rapu	*Search*
Panuku	*Scroll*
Whakaweto	*Turn off*
Puru hiko	*Power plug*
Miri / Koni	*Swipe*
Whakakaha / whakahiko	*Charge (phone, iPod etc)*
Hōtaka ā-tono	*TV OnDemand*
īKiriata	*iMovie*

Pūtea	*Credit*
Rākau pūmahara	*USB stick*
Wheori	*Virus*

RERENGA WHAI TAKE – HANDY PHRASES

Belonging to (*Ko / Nā / Nō*)

Ko te papahiko tēnei a taku tumuaki	*This is my boss's tablet*
Nāku tēnei īWaea, nā taku wāhi mahi i homai	*This is my iPhone – work gave it to me*
Nāku ēnei taupānga, waiho!	*These (more than one) apps are mine, leave them alone!*
Nāku tēnei whakahiko?	*Is this my charger?*
Nā ngā kaimahi katoa o tēnei pakihi ēnei rorohiko	*These computers belong to all staff in this company*
Ko wai te ingoa o tō atamariko?	*What's the name of your avatar?*
Nāu te īPapa, māu e tiaki	*It's your iPad, you look after it*
Ko ōku kaweoro ēnei	*These are my headphones*
Ko te rākau pūmahara a te kiripaepae tēnei, ka mutu ana tāu mahi, whakahokia ki a ia	*This is the receptionist's memory stick, when you've finished your work, give it back to her*
Nō māua ko Maraea te mana whakairo hinengaro ki tēnei iKiriata	*The intellectual property rights of this iMovie belong to me and Maraea*

Description (*He*)

He pōturi te ipurangi i tōku tari	*The internet is slow in my office*
He mūrere pai tēnā!	*That's a good hack!*
He ataoti kē tēnā, ehara i tō tātou kaiwhakahaere!	*That's a hologram (over there), not our boss!*
He rawe tēnei pōhi Pukamata mō tā tātou rauemi hōu	*This is a great Facebook post about our new resource*

He māmā noa iho te miri i tēnei mata, nē hā?	It's very easy to swipe this screen, isn't it?
Ki te kore koutou e pōhi tonu, me pehea ō mahi e kitea ai, e rangona ai e te tokomaha?	If you (three or more) don't keep posting, how will all your work be seen and heard by the masses?
He pūtea tāu?	Do you have any credit?
He pūkete Paeāhua tāu?	Do you have an Instagram account?
He aha te kupuhipa mō tēnei rorohiko?	What's the password for this computer?
He rangitaki tāna hei whakatairanga i ngā mahi nui e mahia ana e tēnei pakihi, hei oranga mō te hapori	He / She has a blog which highlights and promotes the important work of this company that benefits the community

Location (*Kei hea / I hea?*)

Kei hea te pae tukutuku mō tō pakihi?	Where's the website for your company?
Kei hea ngā pāhorangi mō te mahi a tā tātou umanga?	Where are the podcasts for what we do as a company?
I Tangiao tēnei waiata, koia pea hei waiata ngaringari mā tātou?	This song was on Soundcloud, shall we use it as our unifying theme song?
I hea te wānanga tuhiwaehere?	Where was the coding workshop?
Kei runga i ngā hautō taku waea atamai	My smartphone is on top of the drawers
Kei hea aku īmēra? Auē, kua whai wheori taku rorohiko!	Where are my emails? Oh no, my computer has a virus!
Kei runga rā te matatopa, titiro!	The drone is up there, look!
Kei hea te kiore? Kāore e taea te panuku	Where's the mouse? I can't scroll

Kei te rārangi takaiho ngā whakamōhiotanga	*The dropdown menu is where the notifications are*
Kei ngā Hōtaka ā-tono kē, kāore anō kia uta ki te Kapua	*It's only on TV OnDemand, I haven't downloaded it to the Cloud*
Kei hea te kupuhipa mō te ahokore?	*Where's the password for the wifi?*

Command (Should = *Me*)

Me whakaū i te parenga wheori ki te pūnaha rorohiko o tēnei wāhi mahi	*We should download virus protection onto the laptops of this workplace*
Me ū ki tā tātou kirimana hangarau i waihangatia ai mā ngā kaimahi katoa o tēnei wāhi mahi	*We need to stick to the digital contract that was created for all staff employed at this place*
Me whakaoti i āu mahi katoa, kātahi ka tuku īmēra kia mōhio ai au kua oti i a koe	*You need to finish all your work, then send me an email to let me know you have completed everything*
Me mōhio tō hekeretari ki tō kupuhipa, kei wareware i a koe	*Your secretary should know the password, just in case you forget it*
Me noho tūmataiti tāu pūkete Paeāhua, kei pōhēhē te marea e whai hononga ana ki tō mahi ki konei	*Your Instagram profile should stay private, otherwise, everybody will think it is connected to your job here*
Me whakahiko i taku waea atamai, rima ōrau noa iho e toe ana	*I should charge my smartphone, it's on five percent*
Me haukoti tātou i ngā hokongo taupānga, he nui rawa te utu ki te umanga	*We should stop subscriptions, it is costing the business too much*

Me tango te iRangi i tana waea, kia aronui ai ia ki tana mahi tuhi āmiki	*(We) should remove iTunes from their phone, so that they focus more on their job writing up the minutes*
Me whai i te whakahounga taupānga, kua ngaro ngā tohu kare-ā-roto a te umanga	*I need the app update, the company's emojis have disappeared*
Me popore tātou i ngā kiritaki kei tā tātou Pukamata, anō nei he hoa tūturu ōu, ō tatou	*We should be kind and generous to our Facebook friends, as if they're real friends (not just virtual)*
Me hono tāua hei hoa Pukamata kia kite ai au i āu pōhi	*You and I should be Facebook friends so I can see your posts*

Command (Don't = *Kaua / Kāti*)

Kaua e whakairi i taua whakaahua ki a Paeāhua	*Don't put that photo on Instagram*
Kāti te aro ki te waea	*Stop focusing on the phone*
Kaua e whāki atu i te pae tukutuku a te umanga i tēnei wā, kei te panonitia	*Don't reveal the company's website (right now), it's being redeveloped*
Kaua e horokukū ki te kōrero mai mēnā kei te whakaweti tētahi i a koe. He tūtohinga tā tēnei umanga hei aukati i tērā whanonga	*Don't hesitate to say if someone is bullying you. The company has a policy to stop that behaviour*
Kaua e waiho inu ki te taha o te rorohiko kei maringi, mea rawa ake, ka pahū!	*Don't leave drinks next to the computer or it might spill, and next thing you know it's blown up!*
Kaua e huaki i ngā īmēra paraurehe	*Don't open the junk emails*

Kāti te kohi kiriāhua ki te waea a te umanga	*Stop saving selfies on the company's phone*
Kāti te whakapau i te raraunga ki te mātakitaki whitiāhua TiriAta	*Stop using up the data to watch YouTube clips*
Kāti te tāhae kiriata i te ipurangi, he tāhae tonu te tāhae! Ka mutu, ina mau koe, ka panaia koe i tō mahi!	*Stop stealing movies on the internet – stealing is stealing! And, if you get caught, you'll get fired!*
Kāti te whakahoki kōrero ki taua tangata, he ika haehae kupenga	*Stop replying to that person, they're a troublemaker*

Command (Do = *Kia / E*)

Kia tūpato, kaua te papahiko i taka, ka piere te mata!	*Be careful, don't drop the tablet, the screen will break!*
Kia tūpato, he maha ngā taniwha weriweri kei te ao o te ipurangi, ko ētahi kei roto tonu i tēnei wāhi mahi	*Be careful, there are many dastardly people lurking on the internet, some of them work in this very place*
Kia manawanui, kāore e roa kei a koe te wā ki te whakahaere i tō whakaaturanga tukuata mō te ara hei whai mā tēnei pakihi	*Be patient, it won't be long until it's your turn to show your PowerPoint presentation about the pathway to follow for this business*
Kia mataara, he hī tinihanga kē ētahi īmēra	*Be aware, some emails are actually phishing*
Kia kaha te ako i ngā pūkenga tuhi waehere, ka whaihua tēnā mō tō piki taumata i tēnei pakihi	*Go hard at learning coding skills, that will be helpful for your career at this company*
Whakawetoa te iPapa!	*Turn off the iPad!*

Whakaitia te kahaoro	*Turn the volume down*
Waiho!	*Leave it!*
Whakahikoa te waea atamai	*Charge the smartphone*
Whakakorengia ēnā taupānga	*Delete those apps*

Action Phrase (Future tense = *Ka / Ki te . . . ka . . .*)

Ki te pā te wheori ki te rorohiko, ka ngaro āu mahi katoa	*If a virus gets into the computer, all your work will be lost*
Ki te tūkino koe i tāu pūrere, ka riri ngā kaimahi pūmanawa tāngata ki a koe	*If you mistreat your device, the human resources staff will be angry with you*
Ki te whakapiki koe i tō mōhio ki te whakahaere hangarau, ka eke panuku koe i roto i tēnei umanga	*If you improve your knowledge in using technology, you will do very well at this company*
Ka hoko pūtea anō tātou i te rā nei	*We (3+) will get more credit today*
Ki te hurihia te tāwhakaahua, ka kite au i a koe i te MataWā	*If you turn the camera around, I'll see you on FaceTime*
Ki te whakapōrearea tonu tērā rōpū i ngā whakaritenga o tā tātou whārangi Pukamata, ka huri ki te wetehoa	*If that group continues to disrupt our Facebook page, we will unfriend them*
Ki te maha rawa ō pātuhi, ka nui rawa te nama ki te pakihi, nō reira, taupokihia ki te kotahi rau	*If you send too many texts, the bill will be too big for the business, so cap them at 100*
Ka whakapono au ki a koe, engari kotahi te hapa, kua kore taua whakapono	*I'll trust you, but one mistake and that trust disappears*

Ki te ngaro tēnei waea, ka tere taku kimi i te ipurangi mā te taupānga Kimihia taku iWaea	*If I lose this phone, I would quickly look for it via the internet using the Find My iPhone app*

Action Phrase (Present tense = *Kei te . . .*)

Kei te mātaki whitiāhua i a TiriAta nā te mea kāore āku mahi i tēnei wā	*I'm watching videos on YouTube because I have nothing to do at the moment*
Kei te hono tonu koutou ki te ipurangi, kua motu rānei te hononga?	*Are you guys still connected to the internet or has the connection gone down?*
Kei te tīni au i ngā kupuhipa katoa	*I'm changing all the passwords*
Kei te whakahoa koe ki taua ika haehae kupenga i te ipurangi? Kia tūpato!	*You're becoming internet friends with that troublemaker? Be careful!*
Kei te rapu meka i a Kūkara	*I'm searching for facts on Google*
Kei te pau haere te kaha o te rorohiko pōnaho, me whakahono ki te taura hiko	*The power is running out on the laptop, I need to connect it to the power cord*
Kei te tākaro kēmu koe, nē? He wāhi mahi tēnei, ehara i te wāhi tākaro ataata!	*You're playing games, aren't you? This is a place of work, not a games lounge!*
Kei te whakarite au i te pūoho. Ka pau ana te wā, ka tangi te waea, ā, i tōna tikanga, kua mutu tā koutou kari i te waikeri nei	*I'm setting the alarm. When time is up, the phone will beep; by then, you (3 or more) should have finished digging this drain*
Kei te mōhio koe me pēhea te whakahaere i tēnei pūrere?	*Do you know how to work this device?*

Kei te tīpako i ngā hoa Pukamata o tēnei wharekai, he maha rawa!	*I'm culling the Facebook friends of this restaurant – there are too many!*

Action Phrase (Have / Has = *Kua*)

Kua pau te pūmahara o taku waea, he kaha rawa nōku ki te whakaū taupānga	*The memory on my phone has been used up because I upload too many apps*
Te āhua nei, me whakahou i ēnei rorohiko	*Looks like we should upgrade these computers*
Kua oti tāu mahi i te whakaaturanga tukuata?	*Have you finished the PowerPoint presentation?*
Tekau meneti e toe ana, ka tīmata te hui	*Ten minutes to go before the meeting starts*
Kua tīnihia tāu pūkete kia tūmataiti ai?	*Have you changed your profile so it's private?*
Kua hōhā au taua kaiwhakarato ipurangi, me kimi ratonga kē	*I've had enough of that internet service provider, I'm looking for another*
Kua pīereere te mata!	*The screen is cracked!*
Kua mate ki te rāhui i a Pukamata i ngā hāora mahi, he warea rawa nō koutou	*We've had to ban Facebook during work hours, because you (3+) have been too absorbed by it*
Kua hua mai anō aua whakatairanga hōhā! Me pēhea te whakangaro atu?	*Those annoying ads have popped up again! How do you get rid of them?*
Kua pau te wā ki ēnei hangarau, nō te tau rua mano, tekau mā iwa hoki! Kāore e kore he mea hōu kei te puta mai	*Time is up for these technology devices, they were made in 2019, for crying out loud! No doubt there are newer ones about to be launched*

Kua hoahoa whare miharo au ki ngā hangarau kātahi anō ka puta mai!

I've created some fantastic house designs with the new technology that's just been released!

Action Phrase (Past tense = *I*)

I whakahou ahau i aku taupānga katoa inanahi

I updated all my apps yesterday

I ngaro aku tuhinga nā te mea kāore au i tiaki i mua i te paunga o te kaha!

My documents were lost because I didn't save before the power ran out!

I matawaitia ngā kirimana

The contracts were scanned

I tuhi kōrero pai ia mō tēnei hōtera i runga i te ipurangi

He / She wrote good things about this hotel on the internet

I whakahiko i te īPapa i te ata nei

I charged the iPad this morning

I haere māua ki te taunga waka ki te whakamahi i te matatopa

We (he / she and I) went to the car park to use the drone

I whakaae koe ki ngā tono hoa Pukamata?

Did you accept the friend requests on Facebook?

I utu koe i te nama ipurangi?

Did you pay the internet bill?

I whakaroau te rorohiko, nā reira i mate ki te whakakā anō

The computer froze so I was forced to restart it

I pāwhiri koe i ngā toi topenga?

Did you click on the clip art?

RERENGA WHAI TAKE MŌ TE WHAKAHAERE ROROHIKO – HANDY COMPUTER-RELATED PHRASES

He mea nui kia whai rorohiko pōnaho koe

It's important you get a laptop computer

He aha ai?

Why?

Kia mahi ai koe i ō mahi ahakoa kei hea koe!

So you can do your work no matter where you are!

Kei te hono ngā rorohiko o tēnei wāhi mahi ki te rorohiko matua
The computers of this workplace are connected to the mainframe computer

He iti rawa te mata me te papa pātuhi o tēnei rorohiko!
The screen and the keyboard of this computer are too small!

Ka pai, me wehe whārangi i konei!
Good, insert page break here!

Tiro whārangi ināianei!
Page view now!

Kua oti te tātaki kupu?
Have you done a spell check?

Mahia tērā i mua i te tānga mai!
Do that before you print it!

Kua pau te pepa o te pūreretā
The printer is out of paper

Pāwhiria tēnei mō ō karere hiko
Click on this for your email messages

Nekehia te pehu ki konei mō te ipurangi
Move the cursor here for the internet

Pāwhiria te ata kia whakaatu mai te rorohiko i ana ratonga
Click on the icon so the computer shows you the services it can perform

Kōwhiria te momo tuhi e pai ana ki a koe
Choose the font you like best

Pāwhiria te ata tika hei whakatika i te takoto
Click on the appropriate icon so it formats

Tārarotia tēnei rerenga!
Underline this sentence!

Miramiratia ēnei kupu!
Make these words bold!

Tītahatia te whakaupokotanga
Put the heading in Italics!

Kātahi anō te hōtaka mō ngā tohutō ka tae mai!
The macronising program has just arrived!

HE RERENGA KŌRERO ANŌ – MORE HANDY PHRASES

Ko wai te whakamutunga ki te whakamahi i tēnei pūrere?
Who was the last to use this device?

Ko wai i tiaki i taku kāri nama ki tēnei pae tukutuku?	*Who saved my credit card to this website?*
Auē! Kua takahia ngā ture o te Kirimana Matihiko, he rāhui kei te haere	*Oh no! The terms of our digital contract have been broken, a ban is about to be put in place*
Me ū ki ngā ture, kia haumaru ai koe	*You have to stick to the rules to be safe*
Ko tētahi ture, me whakaae koe ki taku tono hei hoa Pukamata	*One rule is, you have to accept my Facebook friend request*
Whakaaturia mai āu pōhi	*Show me your posts*
I raru i a wai?	*Who broke it?*
Ka nui taku manawareka ki te auaha o tāu mahi tuhiwaehere!	*I'm so pleased with the creativity in your coding work!*
Hono mai ki tō mātou rōpū kōrerorero	*Join our group chat*
Auē, mukua taua whakaahua!	*Eeew yuck, delete that photo!*
Koirā te mate o taua taupānga, ka mate ki te whakahou ia rua wiki!	*The problem with that app is, you have to update it every two weeks!*

NGĀ KŌRERO KĪWAHA – COLLOQUIALISMS AND SLANG

Kua taka te kapa	*I get the picture*
Hei aha māu!	*Mind your own business!*
Mā te aha i tēnā	*Better than not at all*
Me hāngai te kōrero!	*Don't beat around the bush!*
Āmiki rawa tēnā!	*Too much detail / information!*

WHAKATAUKĪ – PROVERBS

E ngaki ana ā mua, e tōtō mai ana a muri

If the first group do the work properly, the following group can accomplish the task

Self-explanatory and very relevant in the workplace. In the context of technology, things like developing websites and other systems in the workplace need to be done properly and by using the most recent technology available, so that the business, company, school or ministry flourishes and succeeds.

E patu te rau, e patu te arero

The tongue (slander or gossip) can injure many

Be careful when engaging with others on the internet, in an email, Facebook or texting. Anything written down can come back to bite you, so choose your words and messages carefully.

Ka noho tuakana te auahatanga ki te mātauranga

Imagination is more important than knowledge

Similar to a famous quote from Albert Einstein. Creativity, especially in the technological space, is always spoken about as being the pathway to the future.

4. KO TE REO MŌ NGĀ MAHI HANGANGA ME TE MAIORO HUARAHI
REO FOR THE CONSTRUCTION INDUSTRY AND ROADWORKS

KŌRERO WHAKATAKI
INTRODUCTION

There are many Māori working in the construction industry and on our roads across the country. In 2008, 7500 Māori were in construction, and that figure was growing at a rapid rate back then. Fast-forward to today and Māori are likely to be the people who are going to build your new whare, your new office building, the new community playground or put up the retaining wall next door. Māori are a young population with an average age of 23. The average age of a European New Zealander is 42. This means that the Māori presence in the workforce is only going to increase. Māori are attracted to this industry because people in construction work as a team, and there are lots of roles involved such as carpenter, plasterer, scaffolder, right up to those who manage construction projects. Māori society has always been one based on the collective, not the individual. Whānau is the cornerstone of Māori wellbeing, and sometimes whānau can include workmates! Māori tend to enjoy working outdoors and using their hands, have an eye for detail, and like seeing a project come together. Using more te reo Māori in these industries can further enhance the whānau aspect of working together, ensuring better attitudes and results. Even if it's adapting some of the terminology or using some of the phrases in this chapter, taking small steps to normalise te reo Māori will help create social and attitudinal change within the workforce. Okay! So, let's start with embedding a little bit of te reo Māori into the construction industry, then we will focus on roadworks.

SIGNAGE FOR THE CONSTRUCTION ZONE

Kawenga mōrahi: 1350kg, 18 ngā tāngata rānei	*Maximum load: 1350kg or 18 persons*
Noho ki muri i te ārai	*Remain behind barrier*
Matū mōrearea	*Hazardous substance*
Me mau ārai taringa	*Ear protection must be worn*
Me mau pōtae mārō	*Safety hats must be worn*
Papa pāhikahika	*Uneven surface*
Papa waihanga mōrearea	*Danger – Construction site*
Pūmate	*Hazard*
Pūkākā	*Flammable*
Ruapara	*Landfill*
Taonga e hou mai ana	*Inward goods*
Taonga e haere atu ana	*Outward goods*
Tikanga mate whawhati tata	*Emergency procedures*
Tira tautāwhi	*Incident support unit*
Uwhimata whawhati tata	*Emergency eyewash*

KUPU WHAI TAKE – HANDY WORDS

Ara kūtoro	*Access route*
Ārai oro	*Acoustic installation*
Peita kiriaku	*Acrylic paint*
Hāpiripiri	*Adhesion*
Whakakē	*Admixture*
Matūhohe kore	*Aggregate*
Aumanga	*Air vent*
Hinu tuaiho	*Alkyd resin*
Uku kōmiri	*Architrave*
Kohatu mōhungahunga	*Asphalt*
Rūma tuanui	*Attic*
Waimuri	*Backflow*
Mahau	*Balcony*
Poutoko	*Baluster*
Pourākei	*Balustrade*
Maihi	*Bargeboard*
Ukutea papatake	*Base coat*
Mōrahi	*Batch*
Puru whakamahana	*Batt (insulation)*
Kaho	*Batten*
Kurupae	*Beam*
Poutokomanawa	*Bearer*
Pānakitanga	*Bevel*
Turuturutanga	*Bleeding*
Whaowiri	*Bolt*
Pūtiwha	*Boron (H1.2)*
Kurupaeraro	*Bottom plate*
Papanga	*Building paper or wrap*
Amo	*Cantilever*
Amo tītoko	*Cantilevered pile*
Mokotawhā	*Capillary gap / leak*
Mōkihi matapihi	*Casement*
Arearenga	*Cavity*
Hanga arearenga	*Cavity system*

Pātū arearenga	*Cavity wall*
Konumura	*CCA timber treatment (H3.2, H4 and H5)*
Tuanui	*Ceiling*
Kaho tuanui	*Ceiling batten*
Tuanui tārewa	*Ceiling, suspended*
Tohu taitara	*Certificate of title*
Kōwakawaka	*Chase*
Pūoto	*Cistern*
Paetara	*Cladding*
Tohu Whakatutuki Mahi	*Code of Compliance Certificate*
Tauhere	*Collar tie*
Whakapapatau	*Compaction*
Hōtaka whakatutuki mahi	*Compliance schedule*
Hoahoa tuatahi	*Concept design*
Raima	*Concrete*
Pūkawe	*Conductivity*
Ipuipu hiko	*Conduit (electricity)*
Ipuipu wai	*Conduit (water)*
Pūtea kāinga rua	*Contingency sum*
Pūtea kirimana hoko	*Contract price*
Kaiwhakatutuki kirimana mahi	*Contractor*
Ture Kaiwhakatutuki Kirimana Mahi	*Construction Contracts Act*
Uku kōmiri koko	*Cornice*
Waikura	*Corrosion*
Ārai haukūtanga	*Damp-proofing*
Pirautanga	*Decay*
Tōrōkiri (e whakaaetia tonutia ana)	*Defect (permissible)*
Mahere tuakoi	*Deposited plan (DP)*
Hoahoa āmiki	*Detailed design*
Whakawaikore papa	*Dewatering*
Pou tītaha	*Diagonal brace*

Mahere ā-rohe	*District plan*
Kūaha	*Door*
Pūniko kati kuaha	*Door closers*
Kūaha ārai ahi	*Fire door*
Whatitoka	*Door frame*
Kiri tāpara	*Double glazing*
Waikeri	*Drain, field drain*
Arawai	*Drain-vented cavity*
Kōwiri pūhiko	*Drill (machinery)*
Pūtītanga	*Durability (building)*
Pūmautanga	*Durability (paint)*
Heunga	*Eaves*
Whakaehunga	*Emulsion*
Kirimārō	*Enamel (paint)*
Heitara utu	*Estimate*
Rākau rāwaho	*Exotic timber*
Pekerangi	*External wall*
Aroaro	*Façade*
Kaho heunga	*Fascia*
Makomako nīao	*Feathering*
Papa puru	*Fibreboard*
Ukutea mutunga / Kiripeita mutunga	*Finishing coat*
Papatake kua oti	*Finished ground level*
Pātū ārai ahi	*Fire partition*
Aromatawai ārai ahi	*Fire resistance rating (FRR)*
Pito kurupae rino	*Flange*
Ukutea tuarua	*Flanking coat (plastering)*
Rino ārai wai	*Flashing*
Ara tuku para	*Flue*
Rīrātanga	*Footing*
Tūāpapa	*Foundation*
Raima rīrā	*Foundation, raft*
Tīrewa (rino, raima rānei)	*Frame, portal*
Tīrewa rākau	*Framing timber*

Patu hekaheka	*Fungicide*
Hekaheka	*Fungus*
Mataihi	*Gable*
Whakamaitai	*Galvanise*
Tārai	*Gauging*
Kounga	*Grade (timber)*
Kōrere wai	*Gutter*
Pao / Hama	*Hammer*
Kahupeka pīataata	*High-vis vest*
Pupuha	*Hydrostatic*
Taihonotanga	*Joint*
Kurupae	*Joist*
Pūtahi hiko	*Junction box*
Umu	*Kiln*
Pae tārai	*Lathe*
Whakapākeka	*Leaching*
Hekenga uara	*Lifecycle cost*
Whakaata kanotae	*Light reflectance value*
Kōrupe	*Lintel*
Pātū mātāmua	*Loadbearing wall*
Tiritiri taumahatanga	*Load, distributed*
Kōpani	*Louvres*
Puna hiko	*Main (electric)*
Puna waipara	*Main (sewer)*
Ārai peita	*Masking*
Mātanga tāke kohatu	*Mason*
Mahi tāke kohatu	*Masonry*
Poukapa raima	*Matrix*
Huarewa	*Mezzanine floor*
Pokepoke raima	*Mix (concrete)*
Wharetō tuarea	*Multi-unit dwelling*
Whao / Nēra	*Nail*
Rākau taketake	*Native timber*
Tuaka tapatahi	*Neutral axis*
Pātū mātāmuri	*Non-loadbearing wall*

Peru	*Nut*
Wharau	*Outhouse*
Whakamaroke ā-umu	*Oven-dry*
Kiatotanga	*Packing*
Maru	*Pelmet*
Ukutea	*Plaster*
Whakapoutū	*Plumb*
Wai pareaku	*Polyester resins*
Poritene	*Polyethylene or polythene*
Poritaratene	*Polystyrene*
Poritapeha	*Polyvinyl chloride (PVC)*
Wai inu	*Potable water*
TunahiWhakamaru	*ProtectoWrap*
Heke	*Purlin (includes tile batten)*
Kairūri	*Quantity surveyor*
Heitara utu	*Quotation*
Heke	*Rafter*
Whakamarohitanga	*Reinforcement*
Tāhūhū	*Ridge*
Kurupae tāhūhū	*Ridgeboard*
Taupoki	*Rodding point*
Tuanui	*Roof*
Kurapāpā	*Flat-roofed*
Ōwehenga haumaru	*Safety factor*
Pītawitawitanga	*Sag*
Taitea	*Sapwood*
Kani	*Saw*
Kani rākau	*Wood saw*
Kanipākati	*Hacksaw*
Kanipiko	*Jigsaw*
Kanihurihuri	*Circular saw / Skilsaw*
Kani tūpapa	*Table saw*
Kani mihini	*Chainsaw*
Kani tauri	*Bandsaw*
Kani tarapepe	*Oscillating saw*

Paparākau kua tapahia kia iti rawa	Scant cut timber
Rahoto	Scoria
Kōwiri	Screwdriver
Herepuru	Sealer
Papītanga	Seepage
Ipu parakaingaki	Septic tank
Paewai	Skirting
Puna hiko	Socket outlet
Tūhoto	Solder
Mauhuri	Spanner
Pūrongo hanganga	Specification, building
Maitai	Steel
Maitai waikura kore	Steel, stainless
Purupuru	Stopping
Kahokaho	Stud
Kaiwhakaū kirimana mahi	Subcontractor
Kaiwhakaū kirimana mahi kopou	Nominated subcontractors
Tapokotanga	Subsidence
Tapeke tūpono	Contingency sums
Tapeke rauemi	Prime cost sums
Tapeke hangore	Provisional sums
Kiri ārai wai	Tanking
Oneumu	Terracotta
Inemahana	Thermostat
Tangariki	Tile
Pāraha	Tools
Tātua pāraha	Toolbelt
Peitatanga tuatahi	Undercoat
Takirere	Valve
Kāngatungatu / Whakamahau	Veranda
Kohuke makohawera	Vermiculite
Piapiatanga	Viscosity
Waekaha	Watt (W)

RERENGA WHAI TAKE – HANDY PHRASES

Whose / I did … (Ko / Nā / Nō)

Nā wai ēnei pāraha?	Who do these tools belong to?
Nō wai tēnei tātua pāraha?	Who does this toolbelt belong to?
Ko te kani tika tēnei mō tēnei mahi?	Is this the correct saw to use for this job?
Nā wai i hoko ngā rākau taketake nei?	Who bought this native timber?
Nāku tērā whare i hanga	I built that house over there
Nā mātou tēnei whare toatini i hanga	We built this mall
Nāu ēnei taputapu?	Do these items belong to you?
Nāku tētahi kani rākau hōu i hoko, he tino koi hoki ngā niho!	I purchased a new wood saw and its teeth are really sharp!
Nā wai te kurupae nei i whakatū	Who put up this joist?
Nōku tērā taraka mahi hōu	That's my new work truck
Nōu ēnei pūtu, e hoa?	Are these your boots, mate?
Nāu tēnei mauhuri, e hoa?	Is this your spanner, mate?
Nā Hēmi tēnā tūhoto?	Is that Hemi's solder?
Nā rātou ngā kiatotanga i mahi	They (3+) did all the packing

Description (He)

He pai tō mahi, e hoa!	You're doing a good job, mate!
He mea nui te peitatanga tuatahi	The first coat is very important
He maha ngā pāraha kei roto i tō tātua	You have a lot of tools in your belt
He roa rawa tēnei porohanga	This cut is too long
He poto rawa tēnei papa rākau	This piece of wood is too short
He nui rawa te utu mō ēnei momo kōwiri	The price for these types of screws is too expensive

He kāngatungatu whāiti tēnei — *This is a narrow veranda*

He kairūri tino pai ia — *He / She is a very good surveyor*

He māngere ētahi o aku kaimahi — *Some of my workers are lazy*

He kaihoahoa tino mātau ia — *He / She is an expert architect*

He pai tēnei kōwhiringa! — *This is a good choice!*

He whare pāinaina i ngā hihi i te raki mā whiti — *This is a house that bathes in the northeast rays of the sun*

Location (*Kei hea?*)

Kei hea te kiri tāparatanga? — *Where is the double glazing?*

Kei hea te ara tuku para? — *Where is the flue?*

Kei te kokonga rā te ukutea tuarua e piri ana — *In that corner there is the plaster flanking coat*

Kei tō pouaka poutāpeta te heitara utu mō te mahi nei — *The estimate for this job is in your post-office box*

Kei ngā tahataha o runga rā nga heunga? — *Are the eaves on the sides up there?*

Kei hea ngā pūniko kati kūaha? — *Where are the door closers?*

I hea ngā whao? — *Where were the nails?*

Kei tō whare te mātanga tāke kōhatu ināianei — *The masonry is at your house now*

Kei hea taku pao? Arā! — *Where's my hammer? Over there!*

I hea ō whakaaro i a koe e ine ana? Kua hē katoa! — *Where was your brain when you were doing the measuring? It's all wrong!*

Kei hea ō pūkenga i te rā nei, e tama? — *What's happened to your skills today, my young apprentice?*

Kei hea tō kani hurihuri? — *Where is your Skilsaw?*

Kei te papa tuatahi — *It's on the first floor*

Kei te papa tuarima au e mahi ana i tēnei rā — *I'm working on the 5th floor today*

I runga rā ngā mahere; te
    āhua nei kua pūhia e te
    hau!

*The plans were up there; it
looks like the wind has blown
them away!*

Command (Should = *Me*)

Me tuku i ētahi kaho ki reira
    kia pakari ai

*You should put some battens
in there so it's stronger*

Me tuku rahoto i te tuatahi

Put the scoria down first

Me aukati i te
    whakapākekatanga

*The leaching needs to be
stopped*

Me teitei ake te kōrupe

The lintel needs to be higher

Me whai paewai mō ēnei
    wāhanga?

Do these parts need skirting?

Me whakakoi koe i ngā niho o
    tō kani!

*You need to sharpen the teeth
of your saw!*

Me utu koe i te tapeke rauemi
    ināianei

*You need to pay the prime
cost sum now*

Me pēhea te aukati i te
    papītanga?

How do (I) stop the seepage?

Me purupuru ngā kōwhao

You need to seal the holes

Me hoko koe i ēnei kōpani, he
    ātaahua!

*You should buy these louvres,
they are beautiful!*

Me whakatū koe i ngā
    kōrere wai, hei mua i taku
    hokinga mai, nē?

*Make sure you put up the
gutters before I get back,
okay?*

Me mōhio koe ko ēhea ngā
    pātū mātāmua

*Make sure you know which
are the load-bearing walls*

Me whakatū pātū ārai ahi ki
    konei, ki korā hoki

*Put up some fire partitions
here and over there*

Me whai au i taku kōwiri?

Do I need my screwdriver?

Command (Don't = *Kaua*)

Kaua e haere mā konei

Don't use this pathway

Kaua e whakatata mai i te wā
    e kani ana!

*Don't come close when the
saw is in use!*

Kaua e pēnā, me pēnei kē!	*Don't do it like that, do it like this!*
Kaua e haere ki reira me te kore pōtae mārō!	*Don't go there without a hard hat on!*
Kaua e whakamahi i ō pāraha hikohiko i te wā o te ua!	*Don't use your electrical tools in the wet!*
Kaua e makamaka haere i ō pāraha!	*Do throw your tools around!*

Command (Do = *Kia* and using passives to give command; -*ngia*, -*ria*, -*tia*, -*hia*, -*a*, etc.)

Kia tūpato kei taka koe i konā!	*Be careful or you'll fall down from there!*
Kia kaha te kōrero Māori i tēnei wāhi hanganga!	*Feel free to speak Māori at this construction site!*
Kia āta kōwiri ki roto kei piere te rākau	*Drill in the screw slowly or you will split the wood*
Kia tūpato, he koi ngā niho o te kani nā	*Be careful, that saw you are using has sharp teeth*
Kia tere, kei te pau haere te hiko o taku kōwiri!	*Hurry up, the power in my drill is running out!*
Kia tere, kei te tau haere mai te pō!	*Hurry up, it's starting to get dark!*
Whakawetoa tō waea ināianei, he mōrearea te whakamahi i te wā o te waihanga!	*Switch your mobile phone off now, it's dangerous to use while building!*
Whakawetoa ngā rama	*Turn off the lights*
Whakawetoa tō kani hurihuri kia rongo ai koe!	*Turn off your Skilsaw so you can hear!*
Tiakina ō pāraha!	*Look after your tools!*
Whakamātauhia tēnei pao	*Try this hammer*
Whakamahia ēnei kahokaho, e hoa!	*Use these studs, mate!*
Tīkina mai te herepuru	*Fetch me the sealant*

Karawhiua!	*Go for it!*
Mahia anō	*Do it again*
Whakakorengia tēnā whakaaro	*Cancel that idea*
Tirohia te puna hiko	*Check the power main*

Action Phrase (Future tense = *Ka*)

Ka whakaoti au i tēnei wāhanga o te whare āpōpō	*I will finish off this part of the house tomorrow*
Ka turakina ngā pātū āpōpō, ka wātea te whare?	*The walls will be demolished tomorrow, will the house be empty?*
Ka tae mai ngā papa rākau hōu ā te mutunga o te wiki	*The new wood will arrive at the end of the week*
Ka tae te mahere hoahoa ki a koe ākuanei	*The design plans will be with you soon*
Ka hoki mai anō ā te Rāmere	*We will be back on Friday*
Ka karia he waikeri i konei ki korā	*A drain will be dug from here to over there*
Ka rapaina he tangariki ki te pātū kia pātū matua mai ai	*This wall will be tiled so it becomes a feature wall*

Action Phrase (Present tense = *Kei te . . .*)

Kei te whakatū taiepa au	*I'm putting a fence up*
Kei te kōrero mō te oneumu ki korā	*Terracotta is being discussed for over there*
Kei te pīrangi kurupaeraro koe ki konei?	*Do you want a bottom plate here?*
Kei te mōkihitia e mātou ēnei matapihi kia kore ai te wai e uru mai	*We're putting in casement windows so the water doesn't get in*
Kei te mahi arearenga ki waenganui i ēnei pātū	*(We) are making cavities between these walls*

Kei te kati tēnei wāhanga mō ngā whakahoutanga	*This area is closed for renovations*
Kei te tatari ngā kaimahi ki a koe	*The staff are waiting for you*
Kei te tuku i te kiripeita mutunga i te rā nei?	*Are you putting on the final coat today?*
Kei te hanga i te mahau ināianei?	*Are you going to build the deck now?*
Kei te whakatā ngā kaimahi i tēnei wā	*The workers are on a break at the moment*
Kei te whakatutukihia ō wawata mō tō whare hōu?	*Are all your dreams for your new house coming together?*

Action Phrase (Have / Has = *Kua*)

Kua kite koe i taku tātua pāraha?	*Have you seen my toolbelt?*
Kua pātai koe ki te kaihoahoa?	*Have you asked the designer?*
Kua oti ngā maihi te whakatū?	*Have you put up the bargeboards?*
Kua tahuri ia ki te pokepoke raima, e aha ana koe?	*He has begun to mix the concrete, what are you doing?*
Kua whakatū tērā umanga i te maha o ngā wharetō tuarea	*That company has built many multi-unit dwellings*
Kua whakarite koe i ngā whao hei paopao māku ki te pātū nei?	*Have you got the nails ready for me to hammer into this wall?*
Kua kōrero au ki ngā kaiwhakaū kirimana mahi, kāore ētahi i te haere mai i te rā nei	*I have talked to the subcontractors and some of them are not coming today*
Kua whakamōhoutia tēnei pātū mātāmuri nei	*This non-loadbearing wall has been upgraded*
Kua tae mai ngā kaimahi	*The workers have arrived*

Kua kōrero koe ki ngā iwi kia tuku kaimahi mai?	*Have you talked to the local iwi about supplying some workers?*
Kua pania ki te peita kiriaku?	*Did you cover it with acrylic paint?*

Action Phrase (Past tense = I)

I mauria mai he tina mā tātou, e hoa?	*Did you bring our lunch, mate?*
I tae ahau ki te wāhi hanganga, kāore he tangata i reira	*I went to the construction site and no one was there*
I pēhea te mahi hanga whare a taua umanga	*How was the (building) quality of that company?*
I kite koe mēnā i tukua he maitai waikura kore ki ēnei wāhanga?	*Did you notice if they put stainless steel in these areas?*
I pēhea te kaiwhakatutuki kirimana mahi?	*How was the contractor?*
I tono koe kia pērā te tuanui?	*Did you ask for the roof to be like that?*
I tino pai te whakatau kia whakawhānuihia ake tēnei rūma	*That was a good decision to expand this room*
I whakahokia ō pāraha katoa ki te waka kōporo mahi?	*Did you return all your tools to the work van?*

NGĀ KŌRERO KĪWAHA – COLLOQUIALISMS AND SLANG

Hika mā!	*For crying out loud!*
Tōna tikanga	*Supposedly*
Whakaputa mōhio!	*Know-it-all!*
Kāore e nama te kōrero	*Has an answer for everything*
Nā wai tāu?	*Says who?*

WHAKATAUKĪ – PROVERBS

In this section we explore some relevant and useful proverbs regarding the topics in this chapter.

Kei whawhati noa mai te rau o te rātā

Don't pluck the blossoms of the rātā tree

Some things are perfect just the way they are. Might be said in the construction industry when someone is looking to renovate or change things that look great just the way they are.

E kore e horo i a rātou te hauhunga

They will not dispel the frost

A small number of workers cannot be expected to complete a task that requires many.

He ahi i te kimonga kanohi

A fire can be built in the blink of an eye

When people know what to do the task is easily accomplished.

SIGNAGE FOR ROADWORKS AREAS

Kia āta haere	*Slow down*
E tū	*Stop*
Haere	*Go*
Horoia tō waka i te rā nei	*Wash your car today*
Paratītī raima	*Lime splashes*
Ara ahutahi	*One lane*
Kāore he huri mauī	*No left turn*
Kāore he huri matau	*No right turn*
Horo whenua	*Slip / Landslide*
Maioro huarahi	*Roadworks*
Waipuke	*Flood*
Waipuketanga	*Flooding*
E whakapāha ana i te pōrearea o ēnei mahi waihanga	*We apologise for any inconvenience caused by these building works*
He waka hikihiki e mahi ana	*Forklift operating*

Kaua e whakawhiti	*Do not cross*
Kia mau ki te mauī	*Keep left*
Kia mau ki te matau	*Keep right*

KUPU WHAI TAKE – HANDY WORDS

Huarahi matua	*Arterial road*
Kohatu mōhungahunga	*Asphalt*
Ārai	*Barrier*
Kohatu mongamonga tūāpapa	*Base metal foundation*
Kohatu mongamonga tīrangaranga	*Running course metal*
Whenua taha huarahi	*Berm*
Ara pahi	*Bus lane*
Wharau pahi	*Bus shelter*
Tūranga pahi	*Bus stop*
Huarahi	*Carriageway*
Koeko	*Cone*
Karawaka	*Culvert*
Huarahi putanga kore	*Cul-de-sac*
Pari tītaha roto	*Cut road batter*
Karitanga aupiki	*Cut out*
Ara pahikara	*Cycle lane*
Ara autaki	*Detour*
Waikeri	*Drain*
Ara ahu whare	*Driveway*
Taraka onenui	*Dump truck*
Waka haukeri	*Excavator*
One tiriwā	*Fill*
Ara hīkoi	*Footpath*
Whānuitanga pū	*Formation width*
Huarahi tā kore	*Formed road*
E tuku	*Give way*
Haere	*Go*
Huarahi kirikiri	*Gravel road*

Hiwi	Judder bar
Pūtaha	Kerb
Ara kati	Lane closure
Mana Ikiiki ā-rohe	Local area traffic management
Huarahi matua	Main road / Motorway
Ārai tuakoi	Median barrier
Manatū Waka	Ministry of Transport
Waka hora	Paver (truck / vehicle)
Rewarangi	Pedestrian crossing
Poka	Pothole
Huarahi tūmataiti	Private road
Huarahi tūmatanui	Public road
Tohu huarahi	Road sign
Peita huarahi	Road marking
Waka papatau	Roller
Porowhawhe	Roundabout
Kiriuka huarahi	Seal
Paetaha	Shoulder
Kō	Shovel
E tū	Stop
Tā	Tar
Taepu	Topsoil
Motu huarahi	Traffic island
Pou rama	Traffic lights

RERENGA WHAI TAKE – HANDY PHRASES

Belonging to / I did ... (*Ko / Nā / Nō*)

Nā wai te taraka onenui i waiho ki konei?	Who left the dump truck here?
Nā wai tēnei huarahi i hanga?	Who made this road?
Nāna te umanga maioro huarahi o Pit Road	He owns the Pit Road road construction company

Ko wai i tuku i te tā ki runga, i mua i te whakatakoto kōhatu mongamonga tūāpapa?	*Who laid the tar on here, before the base metal foundation had been put down?*
Nāna ngā tohu huarahi rā	*Those road signs over there belong to him / her*
Nā mātou tēnei huarahi i hanga	*We built this road*
Nāu tēnei kō?	*Does this shovel belong to you?*
Nā ngā kaimahi au i tohutohu kia whai ara autaki	*The workers instructed me to follow the detour*
Nā wai te tohu kia tū i whakatū	*Who put up this stop sign?*
Nō Newmans te waka haukeri hōu	*The new excavator belongs to Newmans*

Description (*He*)

He pai koe ki te whakahaere i ngā tohu rarepapa, māu anō e mahi i te rā nei	*You're good at doing the lollipop (stop / go) signs, you will be on them again today*
He mea nui te kōhatu mongamonga tūāpapa	*The base metal foundation is very important*
He maha rawa ngā taraka kei te paetaha e ū ana, nekehia ērā	*There are too many trucks parked on the shoulder, move them*
He nui rawa tēnei porowhawhe	*This roundabout is too big*
He poto rawa ēnei peita huarahi, i tōna tikanga, kia kotahi mita te roa	*These road markings are too short, they should be one metre long*
He huarahi kirikiri tēnei	*This is a gravel road*
He huarahi kōpikopiko tēnei	*This is a winding road*
He huarahi whāiti tēnei	*This is a narrow road*

He tata rawa te pūtaha hōu ki te ara pahikara	*The new kerb is too close to the bike lane*
He rewarangi hōu ka tū ki konei	*There will be a new pedestrian crossing here*
He pai tēnei huarahi hōu!	*This new road is choice!*
He huarahi matua tawhito tēnei, me whakahou!	*This main road / motorway is past its use-by date, it needs renewing!*

Location (*Kei hea?*)

Kei hea te huarahi matua?	*Where is the motorway?*
Kei hea ngā maioro huarahi i te rā nei?	*Where are the roadworks today?*
Kei te huarahi matua, kei Takanini	*On the motorway at Takanini*
Kei hea ngā tohu huarahi mō te mahi nei?	*Where are the roadworks signs for this job?*
Kei hea te pari tītaha roto? Me whai pari tītaha roto ki konei	*Where is the cut batter? We need a cut batter here*
I hea ngā kaihautū waka hora?	*Where were the paver drivers?*
Kei tō kahupeka pīataata?	*Where's your hi-vis vest?*
I hea ō whakaaro i a koe e tuku ana i ngā kōhatu mongamonga nei? Kua rere ki wīwī, ki wāwā, kua hē katoa!	*Where was your brain when you were putting the running course metal down? It's all over the place, it's all wrong!*
Kei hea te mana ikiiki ā-rohe? I kī rātou, ka tae mai i te rā nei!	*Where is the local area traffic management? They said they were coming today!*
Kei hea ngā taraka onenui? Kei te tatari ngā waka kari whenua ki te uta i te one ki runga i ō rātou tuarā	*Where are the dump trucks? The diggers are waiting to load the soil onto their trays*

Kei te huarahi e haere mai ana	*They are on the road, on their way here*
Kei te huarahi ki Rotorua au e mahi ana i tēnei rā	*I am working on the Rotorua road today*
Kei hea ngā poka hei whakakī mā mātou?	*Where are the potholes that we need to fill?*

Command (Should = *Me*)

Me tuku i te tā ki konei	*You should put the tar down here*
Me tuku kirikiri i te tuatahi	*Put the gravel down first*
Me mahi karitanga aupiki ki konei me konei	*Dig a cut out here and here*
Me teitei ake te pari tītaha roto	*The cut batter needs to be higher*
Me aukati i te ara roto rawa?	*Do we need to close the inside lane?*
Me tū koe ki tērā taha o te huarahi ki te whakahaere i ngā waka	*You go on that side of the road to guide the traffic*
Me waiho ngā waka kari whenua ki te paetaha i te wā o te tina	*Leave the diggers on the shoulder for the lunchbreak*
Me pēhea te aukati i te tere rawa o ngā waka?	*How do (we) stop the cars approaching too quickly?*
Me wawe te whakatū i tō tohu, me whakamahi hoki i ō ringaringa	*Put your sign up quickly, use your hands too*
Me hora te kiriuka ināianei	*Put the seal down now*
Me hoatu ngā tāwiri ki te waka papatau ki te tumuaki hei mua i tō hokinga mai ki te kāinga, nē?	*Make sure you give the keys to the roller to the site boss before you go home, okay?*

Me mōhio koe ko tēhea te wāhi hei kari māu	*Make sure you know which area you are going to dig*
Me tono rānei i te waka wāwāhi toka?	*Do we need to order in the rock breaker?*
Me hanga hiwi ki tēnei huarahi, kia pōturi ai te haere o ngā waka	*This road needs judder bars so the cars go slower*

Command (Don't = *Kaua*)

Kaua e haere mā konei	*Don't go this way*
Kaua e whakahaere i ēnei taraka mēnā kua inu, kua kai tarutaru rānei!	*Don't operate these trucks under the influence of alcohol or drugs!*
Kaua e pēnei!	*Don't do it like this / Don't be like this!*
Kaua e pēnā!	*Don't do it like that / Don't be like that!*
Kaua e pērā!	*Don't do it like that (over there) / Don't be like that (over there)!*
Kaua e kotiti i te ara autaki!	*Don't deviate from the detour road!*
Kaua e tere rawa i konei, kei te maiorotia te huarahi!	*Don't go too fast around here, there are roadworks underway!*
Kaua e haere mā te huarahi o Thomas, he huarahi putanga kore tērā!	*Don't go via Thomas Road, it's a cul-de-sac!*

Command (Do = *Kia* and using passives to give command; *-ngia, -ria, -tia, -hia, -a*, etc.)

Kia tūpato, he kaimahi huarahi kei konei!	*Be careful, there are road workers here!*
Kia āta haere, toru tekau te tere i konei!	*Proceed carefully, 30 is the speed limit here!*

Kia mutu tēnei, horahia ngā kirikiri ki runga i te tā

When you have completed that, spread the gravel out on the tar

Kia tūpato, he rākau kei muri i a koe

Be careful, there is a tree behind you

Kia tere, kei te tatari ngā kaimahi ki te waka papatau!

Hurry up, the workers are waiting for the roller!

Kia whitu o koutou hei keri i te waikeri!

I need seven of you to dig the drain!

Hurihia!

Turn it around!

Tukuna ngā waka kia haere mai

Let the cars come through

Tangohia ō poko taringa!

Take off your earmuffs!

Tiakina ō hoa mahi, kāore ētahi kaihatū waka i te aro ki tō koutou haumarutanga!

Look after your workmates, some drivers don't pay any attention to your safety!

Whakamātauhia tēnei kāheru

Try this shovel

Whakamahia te waka papatau mō tēnā

Use the roller for that job

Tīkina mai te tohu e tū

Fetch me the stop sign

Karia kia hōhonu ake

Dig it a bit deeper!

Mahia anō

Do it again

Whakawāteahia te ara pahi

Clear the bus lane

Action Phrase (Future tense = *Ka*)

Ka tae mai te taepu āpōpō

The topsoil arrives tomorrow

Ka tangohia ngā one i ngā taraka ā te ahiahi nei

The soil will be taken off the trucks this afternoon

Ka mauria mai ngā ipu tā i ngā maioro huarahi i Waikato

The tanks of hot asphalt will be brought from the roadworks site in the Waikato

Ka hangaia ētahi motu huarahi ki tēnei wāhi

Some traffic islands will be out at this place

Ka whakamutua tēnei wāhanga o te huarahi ā te Rāpare	*This part of the road will be completed on Thursday*
Ka karia te huarahi hōu ki waenganui i ngā rākau rā	*The new road will be dug in between those trees over there*
Ka whakatū pou rama ki ngā kokonga o tēnei pūtahitanga?	*Will you put up traffic lights on the corners of this intersection?*

Action Phrase (Present tense = *Kei te . . .*)

Kei te haere mātou ki Maraenui mahi ai	*We are going to work in Maraenui*
Kei te maiorotia tērā huarahi, me haere mā Meremere	*That road has roadworks, go via Meremere*
Kei te pīrangi mātou kia tāhia ēnei huarahi pūehuehu	*We want (you) to tarseal these dusty roads*
Kei te tukua te hamunitanga kōhatu mōhungahunga ki runga ākuanei	*We're laying on the asphalt mixture soon*
Kei te whai whakaaro mātou kia rāhuitia te whakaū waka ki runga i ngā whenua taha huarahi i tēnei hapori	*We are thinking of outlawing cars being parked on the berms of this community*
Kei te kati tēnei huarahi mō ngā maiorotanga	*This road is closed for earthworks*
Kei te tatari ngā kaimahi ki a koe	*The staff are waiting for you*
Kei te whakatā ngā kaimahi i tēnei wā mō te kai o te rānui	*The workers are on a break at the moment for lunch*

Action Phrase (Have / Has = *Kua*)

Kua kite koe i te huarahi hōu ki Tauranga? Kua whakawhānuihia ake!	*Have you seen the new road to Tauranga? It's been widened!*
Kua wātea te huarahi hei tuku māku i ngā waka?	*Is the road clear for me to send the cars through?*
Kua oti ngā pūtaha huarahi te whakatū?	*Have you laid the kerbs?*
Kua tae mai he kaimahi hōu, ko Arana te ingoa	*We have a new staff member; his name is Arana*
Kua whakatōtikahia te huarahi kia kore ai e kōpikopiko rawa	*The road has been straightened so that it's not as windy*
Kua whakarite koe i ngā ara tuakoi?	*Have you put up the median barriers?*
Kua whakatūria e koe ngā koeko?	*Have you set up the cones?*
Kua horo te whenua ki te huarahi	*The land has slipped onto the road*
Kua waipuketia te huarahi matua, nama 27	*Highway 27 has been flooded*

Action Phrase (Past tense = *I*)

I huri mauī ia	*He turned left*
I huri matau ia	*He turned right*
I ngana ia ki te haere mā te ara kati	*He / She tried to go in the closed lane*
I kite koe i te tohu haere?	*Did you see the go sign?*
I mōhio rānei koe, kua katia tērā huarahi tūmataiti?	*Did you know that that private road is now closed?*
I pēhea ngā whakaaro o te iwi nō rātou nei te whenua ki te tono kia tū he huarahi hōu ki reira?	*What did the people who own the land think about the proposal for the new road?*

I tono koe kia pērā te whānui o te paetaha?	*Did you ask for the shoulder to be that wide?*
I tino pai te whakatau kia whakawhānuihia ake tēnei huarahi	*That was a good decision to widen this road*

HE RERENGA KŌRERO ANŌ – MORE HANDY PHRASES

Mā hea is used in conjunction with *ai* after the verb to ask how someone is travelling.

Mā hea tātou haere ai ki Te Araroa?	*How are we (all of us) going to Te Araroa?*
Mā runga pahi	*On the bus*
Mā hea a Hēni haere ai ki te ngahere?	*How will Jane be travelling to the forest?*
Mā runga waka topatopa	*In a helicopter*
Mā hea koutou hoki mai ai?	*How will you (3+) be returning?*
Mā raro	*On foot (walking)*
Mā raro tāua haere ai, nē?	*Let's (you and I) walk, shall we?*
Mā runga i tōku waka au haere atu ai	*I will travel in my own car*

These phrases are vital if you are to successfully arrive at your destination. If you need someone to repeat some directions, just say 'anō'.

Tēnā koa	*Excuse me*
Me pēhea taku tae atu ki . . .?	*How do I get to . . .?*
Me haere tōtika	*Go straight*
Me huri mauī	*Turn left*
Me huri matau	*Turn right*
Kei hea te marae?	*Where is the marae?*
Kei te kokonga tuatoru, huri mauī	*At the third corner, turn left*

Kei hea a Tāmaki i tēnei mahere?	*Where is Auckland on this map?*
Kei hea te whare pupuri taonga?	*Where is the museum?*
E hia te tawhiti i konei?	*How far is it from here?*
E whitu kiromita	*7km*
E hia te roa kia tae atu?	*How long does it take to get there?*
E rua hāora	*Two hours*
Kei te huarahi tika au ki . . .?	*Am I on the right road to . . .?*
Kei te ngaro au	*I am lost*
Āwhina mai koa?	*Can you help me please?*

To ask the question 'where is the nearest . . .?' just ask, 'is there a . . . around here?'

He wharepaku kei konei?	*Is there a restroom here?*
He pūrere tango moni kei konei?	*Is there a money machine here?*
He hereumu kei konei?	*Is there a bakery here?*
He kāinga taupua kei konei?	*Is there a hostel here?*
He papa hopuni kei konei?	*Are there any camping grounds here?*

Travelling by car you can use these phrases:

Kei hea te whare kōhinu?	*Where is the gas station?*
Whakakīia koa	*Fill it up please*
He kōhinu, he hinumata rānei?	*Is it petrol or diesel?*
Horoia koa te mataaho	*Wash the windscreen please*
Tirohia koa te hinu me te wai	*Check the oil and water please*
Kei a koe te mahere?	*Have you got the map?*
Whakamaua tō tātua	*Put your seatbelt on*
Kia āta haere	*Slow down*
He inaki waka kei te huarahi matua	*There is a traffic jam on the main road*

Whakatipihia atu!	*Overtake!*
Engari kia tūpato!	*But be careful!*
Arotahi ki te huarahi	*Watch the road*
He motuara kei mua i a tātou	*There is a traffic island in front of us*
He huarahi kōpikopiko tēnei	*This is a winding road*
Mahia he kōnumi!	*Do a U-turn!*
Kei te whakapai ruaki au	*I feel sick*
Me tū tātou ki te whakatā	*Let's (all of us) stop for a rest*
He rare āu?	*Have you got any lollies?*
Kua tata	*Nearly there*

Having car troubles? Try out these phrases!

Kua pau te kōhinu	*It's out of gas*
Kua pau te pūhiko	*The battery is flat*
Kua pakaru / piere te mataaho	*The windscreen is broken*
Kua raru / hē te pūtororē	*The exhaust is broken*
Kua tata haukore te porotiti	*The tyre looks low*
Kua haukore te porotiti	*The tyre is flat*
I pahū tētahi mea	*Something blew up*
E kore e tukatuka	*It won't start*
Kei te pīata mai te rama hinu	*The oil light is on*
Kei te pīata mai te rama tumuringa	*The handbrake light is on*
Ki te piki puke te waka, ka pukā te pūkaha	*The engine overheats when the car climbs a hill*

NGĀ KŌRERO KĪWAHA – COLLOQUIALISMS AND SLANG

Koia! Koia!	*That explains it!*
Kua oti te ao!	*That says it all!*
Koinā tāku!	*That's what I reckon / think!*
Kua riro māna ināianei	*The ball's in his / her court now*
Auare ake!	*To no avail!*

WHAKATAUKĪ – PROVERBS

In this section we explore some relevant proverbs regarding the topic in this chapter.

Waewae taumaha, kiri māku

Heavy feet leads to heavy defeat

This proverb has its origins in weaponry. Māori warriors were dexterous and quick on their feet. If they had heavy feet (waewae taumaha), they may be struck and their skin would become 'wet' with thier own blood (kiri māku)! On the road, the same thing could happen. If you have a heavy foot, or in other words drive too fast, you may find that the end result is your skin 'wet' with your own blood!

He iti hau marangai e tū te pāhokahoka

A rainbow appears after the storm

Success follows failure.

He iti tangata e tupu, he iti toki e iti tonu

People grow, adzes remain small

People are more valuable than material possessions.

5. KO TE REO MŌ NGĀ WĀHI MANAAKI MANUHIRI
REO FOR THE HOSPITALITY INDUSTRY

KŌRERO WHAKATAKI
INTRODUCTION

Many of those in the hospitality industry have an instant platform to promote and normalise te reo Māori to both visitors and locals. You could start with basic things like te reo Māori signage; greeting everyone in te reo, including guests, fellow staff, and when answering the phones and emails; having a *kupu o te wiki* or word of the week in the staff cafeteria; supporting reo Māori initiatives like Māori Language Week; and giving staff the chance to do online courses.

Research around the world has demonstrated that using the indigenous language of a country enhances the visitor experience and connects them more with where they are. The effect of this is a boost to the local and national economy of that place. In 2016, I was fortunate to be part of a ministerial trip to Galway, the only official bilingual city in Ireland. We visited the local chamber of commerce where we were presented with the figure that bilingualism and use of the Irish language in areas such as the hospitality industry was worth €136 million per annum to the local economy. If that's not motivation to use more te reo Māori in our local hotels, I don't know what is!

SIGNAGE FOR HOTELS

Te wharekai	*The brasserie*
Me whai pakeke ngā tamariki kei raro i te 16 ngā tau	*Children under 16 must have adult supervision*
Horoi kākahu manuhiri	*Guest laundry*
Tari hokohoko	*Sales office*
Rūma puni	*Suite*
Rūma pūkoni	*Club lounge*
Hākari & whare mātoro	*Dining & entertainment*
Rūma hui	*Conference room*
Wharepaku	*Toilets*
Rūma hākinakina	*Gymnasium*
Puna kaukau	*Swimming pool*
Koromāhu	*Sauna*
Whakarākei & mirimiri	*Beauty & massage*
Whare ātanga	*Day spa*
Rourou pūrua	*Taster for two*
Nō te Paparahi	*From the Continent*
Tāwara nō te uranga o te Rā	*Flavours of the East*
Kūmamatanga	*Starters & light meals*
Parehe	*Pizza*
Pae hanawiti	*Sandwich corner*
Tōwhiro	*Desserts*
Rūma hangarua	*Recycling room*
Manuhiri	*Guests*
Wāina mirumiru	*Sparkling wine / bubbles*
Kakara	*Aromatics (as in Pinot Gris and Rosé)*
Wāina Kerepe Tea	*Sauvignon Blanc*

Wāina Huanei	*Chardonnay*
Mōī	*Cider*
Wāina tōwhiro	*Dessert wine*
Wāina Pīnau	*Pinot Noir*
Wāina hīwerawera	*Full-bodied reds*
Kōwhiringa pia	*Beer selection*
Waipiro kore	*Non-alcoholic*
Wai hūnene	*Spirits*
Mōhani waipiro	*Cocktails*
Mōhani waipiro kore	*Mocktails*
Mōhani tamariki	*Kids' mocktails*
Kawhe waipiro	*Coffee liqueurs*
E hāneanea ake ai tō noho, anō nei kei tō kāinga kē koe, me whakapā tika tonu mai	*If there is anything you need to make you feel more at home, please don't hesitate to call*
Kia pai te noho ki tō tātou hōtera rangatira	*Enjoy your stay in our luxurious hotel*
Kia pai te noho ki tō tātou mōtera whetū rima	*Enjoy your stay in our 5-star motel*

KUPU WHAI TAKE – HANDY WORDS

Taupaepae	*Reception*
Kiripaepae	*Receptionist*
Kaiwhakahaere wharekai	*Restaurant manager*
Paeārahi	*Porter*
Kaimahi wharekai	*Waiter*
Tūmau	*Chef*
Tumu whakahaere	*General manager*
Kaiwhakahaere take hoko	*Sales manager*
Kaiwhakahaere whare ātanga	*Spa manager*
Kaiwhakarite hui	*Event planner*
Kaiwhakarite mārena	*Wedding coordinator*
Kaiwhakahaere pae inu	*Beverage manager*
Pou ratonga manuhiri	*Concierge*

Ratonga tāpui	*Reservations*
Kaiwhakapai whare	*Housekeeping*
Kaitiaki whare	*Maintenance*
Ararewa	*Lift*
Papa	*Floor*
Papa tuatahi	*1st floor*
Papa tuarua	*2nd floor*
Papa tuatoru	*3rd floor*
Rūma	*Room*
Rūma hui	*Conference room*
Arapiki	*Stairs*
Inu	*Drink*
Kai	*Food*
Ratonga kai ki te rūma	*Room service*
Kaua e whakapōrearea mai	*Do not disturb*
Whakapaitia taku rūma	*Clean my room*
Ipurangi	*Internet*
Hāora harikoa	*Happy hour*
Parakuihi	*Breakfast*
Kai o te rānui	*Lunch*
Kai o te pō	*Dinner*
Koha / Kore utu	*Complimentary*
Kauhanganui	*Corridor*
Whakakoungatanga	*Upgrade*
Waka rēhi	*Rental car*
Pahi tūruhi	*Tour bus*
Whakamīharotanga	*Attractions*
Tueke	*Suitcase / Luggage*

RERENGA WHAI TAKE – HANDY PHRASES
Belonging to (*Ko / Nā / Nō*)

Ko tō rūma tēnei	*This is your room*
Ko te kāri tēnei hei huaki i te kūaha	*This is the card to open the door*

Ko te kī tēnei ki tō rūma	*This is your room key*
Ko te ono karaka te wā o tō waea whakaoho	*Your wake-up call will be at 6am*
Ko te waru karaka te wā o tō waea whakaoho	*Your wake-up call will be at 8am*
Nāu ēnei tueke?	*Do these suitcases belong to you?*
Nāku te rāpihi nei! Ka whiua ki te ipu para	*This is my rubbish! It's going in the bin*
Nō tātou katoa te papa tākaro o tēnei hōtera	*The playground of this hotel belongs to everyone*
Nōu tēnei koti, e tā?	*Is this your coat, sir?*
Nāu tēnei pāhi, e te kahurangi?	*Is this your handbag, madam?*

Description (*He*)

He pai te wairua o tēnei hōtera!	*This hotel has a good vibe to it!*
He ātaahua te rūma	*The room is beautiful*
He maha ngā āhuatanga rawe o tēnei hōtera	*This hotel offers many wonderful services*
He puna kaukau waiwera kei konei	*We have hotpools here*
He puna waiariki kei tēnei mōtera	*We have thermal hotpools at this motel*
He pai tō rūma, e tā?	*Is your room to your satisfaction, sir?*
He hāneanea te moenga?	*Is the bed comfortable?*
He mākū te papa, kia tūpato	*The floor is wet, be careful*
He pai te māhoi atu i tō rūma	*The view from your room is beautiful*
He papa tūmataiti tērā	*That is a private floor*
He papa mārire	*It is a quiet floor*

Location (*Kei hea?*) and Possession (*Kei a*)

Kei hea te pūrere kōpaka?	*Where is the ice machine?*

Kei te papa tuarima	*It's on the 5th floor*
I roto koe i te rūma hui?	*Were you in the conference room?*
Kei hea te kāri mō taku rūma?	*Where is the card (room key) to my room?*
Kei a koe te kāri mō tō rūma, e te kahurangi?	*Do you have your card (room key), madam?*
Kei hea te pou ratonga manuhiri?	*Where is the concierge?*
Kei te taha o te kūaha matua te wāhi mō te pou ratonga manuhiri	*The concierge is located beside the main door*
Kei hea te wharekai? Arā!	*Where's the restaurant? Over there!*
Kei te pito whakamutunga o te kauhanganui o ia papa, te ararewa	*The lifts are located at the end of each hallway, on each floor*
Kei hea te pae inu?	*Where is the bar?*
Kei te papa tuatahi	*It is on the first floor*
Kei runga i ngā pātū o tēnei hōtera ngā tohu reorua	*You will see bilingual signage on the walls of this hotel*
Kei raro rā te puna kaukau me te rūma hākinakina	*Down there you will find the swimming pool and the gym*

Command (Should = *Me*)

Me tatari kia wātea ai tō rūma	*You should wait until your room is available*
Me piki mā te ararewa ki te papa tuawhā, kei reira tō rūma	*Take the lift to the 4th floor, your room is there*
Me hāere tōtika koe, kei tēnei papa tonu tō rūma	*Go straight ahead, your room is on this floor*
Me āta hīkoi i te taha o te puna kaukau	*Walk slowly when by the pool*

Me kawe au i ō tueke? Ka taea rānei e koe ō tueke te kawe?	*Should I carry your luggage? Or are you able to carry it yourself?*
Me piki kōrua mā te arapiki, kei te raru te ararewa!	*You (two) should take the stairs because the lift is broken!*
Me utu koe ināianei, kia tāpuitia ai tō rūma	*You need to pay now to secure your room booking*
Me utu i tētahi wāhanga o te utu ināianei	*You need to pay a deposit now*
Me pēnei te whakahaere i tēnei taputapu	*This is how you use this thing*
Me haere koe ki ēnei whakamīharotanga, he pai hoki mō te whānau	*You should go to these attractions, they are great for families*
Me haere ki te wharekai nei, he tino reka te kai	*You should go to this restaurant, it has delicious food*

Command (Don't = *Kaua*)

Kaua e haere mā konei, me haere mā te arapiki	*Don't use this pathway, use the stairs*
Kaua e raweke i ngā tipu!	*Don't touch the plants!*
Kaua e hoihoi ā muri i te 10 i te pō!	*No noise after 10pm!*
Kaua e oma!	*Don't run!*
Kaua e ruku!	*No diving!*
Kaua e tū ki runga nei, ka whara koe!	*Don't stand on here, you'll get hurt!*

Command (Do = *Kia* and using passives to give command; *-ngia, -ria, -tia, -hia, -a*, etc.)

Kia tūpato kei taka koe!	*Be careful in case you fall off!*
Kia kaha te pupuri i te rōau!	*Hold on tight to the railing!*
Kia āta haere, kei paheke	*Go slowly, so you don't slip*

Kia tūpato, kua mania te papa nei	*Be careful, this ground is slippery*
Kia tere, kei te pau haere ngā tīkiti!	*Hurry up, the tickets are running out!*
Kia tere, kei te pau haere te wā!	*Hurry up, time is running out!*
Tiakina ngā tauera, tiakina te taiao	*Reuse towels, save the environment*
Whakawetoa ngā rama	*Turn off the lights*
Katia tonutia te kūaha o te koromāhu	*Keep the sauna door closed*
Karawhiua!	*Go for it!*

Action Phrase (Future tense = *Ka*)

Ka kati te wharekai ā te 11 i te pō	*The restaurant will close at 11pm*
Ka timata te parakuihi ā te 6 i te ata	*Breakfast is from 6am*
Ka tū tētahi hui tūmataiti ki te pae inu ā te pō nei	*There will be a private function in the bar tonight*
Ka hoki mai anō ā te 10 meneti	*Back in 10 minutes*

Action Phrase (Present tense = *Kei te . . .*)

Kei te whakapaitia tēnei rūma	*This room is being cleaned*
Kei te pīrangi āwhina koe?	*Would you like some help?*
Kei te kimi koe i te aha, e tā?	*What are you looking for, sir?*
Kei te kati tēnei wāhanga mō ngā whakahoutanga	*This area is closed for renovations*
Kei te tatari tō tēkehi	*Your taxi is waiting*
Kei te tatari te pahi ki a koe	*The bus is waiting for you*

Action Phrase (Have / Has = *Kua*)

Kua kite koe i ēnei whakamīharotanga?	*Have you seen these attractions?*
Kua tae koe ki Rotorua?	*Have you been to Rotorua?*

Kua tae koe ki Tāhuna?	*Have you been to Queenstown?*
Kua wātea ngā puna waiariki ināianei	*The thermal pools have become free now*
Kua rite tō rūma	*Your room is ready*
Kua whakapaitia tō rūma	*Your room has been serviced*
Kua rite tō rōpū ki te wehe atu!	*Your tour group is ready to depart*
Kua whakamōhoutia te papa tākaro nei	*This playground has been upgraded*
Kua tae mai he tangata ki te kite i a koe	*You have a visitor*
Kua rite tō pire	*Your bill is ready*
Kua utu koe?	*Have you paid?*

Action Phrase (Past tense = I)

I pēhea ngā mahi o te rā nei, e te kahurangi?	*How were today's activities, madam?*
I tae koe ki hea?	*Where did you go?*
I kite koe i te aha?	*What did you see?*
I pēhea te kai?	*How was the food?*
I tono koe i te aha?	*What did you order?*
I tino pai te haerenga ki te ngahere	*The trip to the bush was great*
I whiua ngā rāpihi ki te ipu para?	*Was the rubbish thrown in the bin?*

NGĀ KŌRERO WHAKATENATENA – PHRASES OF ENCOURAGEMENT

Ko koe kei runga!	*You're the best!*
Koia kei a koe	*You're awesome*
Tō atamai hoki	*You're so clever*
Kāore koe mō te tuohu	*You never give up*
Kia kaha tonu rā	*Keep on giving it heaps*

ĒTAHI ATU RERENGA WHAI TAKE –
OTHER HANDY PHRASES

Kia ora	*Hello (to one person)*
Tēnā koe	*Hello (to one person)*
Kei te pēhea koe?	*How are you? (to one person)*
Nō hea koe?	*Where are you from? (to one person)*
He aha taku āwhina i a koe?	*What can I help you with?*
He aha tāku māu?	*What can I do for you?*
He aha māu?	*What would you like?*
Kia aroha mai, mēnā he whakapōrearea tēnei i a koe	*Apologies for any inconvenience*
He rūma kei te wātea	*Vacancy*
Kāore he rūma e wātea ana	*No vacancy*
Māku koe e āwhina?	*Do you want me to help you? / Do you need some help?*
Me whakarite waea whakaoho i a koe?	*Would you like a wake-up call?*
Āhea?	*When?*
Mō āhea?	*For what time?*
Kei te mihi ki a koe, e tā	*Thank you very much, sir*
Ngā mihi ki a koe, e te kahurangi	*Thank you very much, madam*
Kia pai te noho	*Have a good stay*
Kia pai te moe	*Have a good sleep*
Kia pai te haere	*Safe journey*
Kia pai te hoki	*Safe return (home)*
Ata mārie	*Good morning*
Pōmārie	*Good night*
Whakairia ngā tauera e whakamahia tonutia ana	*Please hang up the towels you are still using*

WHAKATAUKĪ - PROVERBS

In this section we explore some relevant proverbs regarding the topic in this chapter.

He tangata takahi manuhiri, he marae puehu

A person who mistreats his guest, offends his own marae

Someone who disregards his visitors and does not treat them well will soon find he has no visitors at all. This highlights the importance of manaakitanga, or hospitality, in Māori culture.

Waiho mā te tangata e mihi

Let someone else sing your praises

This proverb refers to humbleness, but in terms of the hospitality industry, and in particular hotels and motels, it encourages you to make the guests' stay a memorable one so they will give positive comments on social media etc.

Ahakoa he iti he pounamu

Although it is small, it is greenstone

In terms of the hospitality industry, this could be the 'little extras' provided that make your guests stay that much more enjoyable and memorable. Greenstone or pounamu is an extremely precious commodity. In this proverb, the word 'pounamu' stands as a metaphor for something precious or a treasure from the heart.

E hoa mā, inā te ora o te tangata

My friends, this is the essence of life

This proverb is an exclamation that can be used when someone is extremely satisfied with something (usually a tasty meal!). A proverb that encourages quality of service and sustenance, so that people (guests) are fulfilled and happy.

He aha te mea nui o te ao? He tangata, he tangata, he tangata

What is the most important thing in the world? It is people, it is people, it is people

Pretty self-explanatory, really!

6. KO TE REO HOKOHOKO
REO FOR THE RETAIL INDUSTRY

KŌRERO WHAKATAKI
INTRODUCTION

Just like those working in the hospitality industry, people in the retail industry have an instant platform to promote and normalise te reo Māori to both visitors and locals. The obvious place to start is with correct pronunciation and basic greetings in te reo Māori, and then, after a few months, start to add some relevant phrases to your arsenal of language. The ultimate goal would be to gradually build on your language foundations and get to the point where you are able to have simple start-off conversations with customers, depending on how much te reo Māori they can speak back to you, and to use a variety of thank yous and farewells. Be determined and dedicated in your pursuit to normalise te reo Māori in your workplace in the retail industry. It will be a bit of a shift in thinking and in protocol for a lot of people, but they will get used to it. I remember when name changes were being proposed for Mt Egmont to become Taranaki, and Mt Cook to become Aoraki. It took a little while for people to adjust, but now it's not an issue and it's 'normal' for everybody to use the original Māori names for those fabulous mountains!

Māori language signage will help a great deal in normalising te reo Māori in your workplace, and don't forget my little story I related to you in the Hospitality chapter about visiting Galway, the only official bilingual city in Ireland. The figure that the local chamber of commerce placed on the value of bilingualism and use of the Irish language in areas such as the hospitality and retail industries was €136 million per annum to the local economy. So, kia tere, e hoa mā! Get moving, my friends, and start to input te reo Māori into your business so you too can experience its benefits, both tangible and intangible!

SIGNAGE FOR RETAIL SHOPS

Āe, e tuwhera ana tēnei whare	*Yes, we are open*
E hōu ana	*New*
Hāora tuwhera	*Opening hours*
Hokohoko kati whare	*Closing down sale*
Ki konei utu ai	*Pay here*
KIA MATAARA - He karu mātaki kei konei	*WARNING - Video surveillance in use*
Karekau he moni i konei	*No cash held on premises*
Kākahu hangarua	*Recycled clothing*
Ka mahia kia tika te rahi mōu	*Made to measure (garment)*
Ka roa e tuwhera ana	*Open late*
Ka tuwhera anō ā te Rāhina, 8.30 i te ata	*Open again on Monday 8.30am*
Kua kati	*Sorry, we are closed*
Kua hokona	*Sold*
Kua nuku matou ki . . .	*We have moved to . . .*
Kua poroa te 50% o te utu	*50% off*
Ākuanei i kati ai tēnei whare	*We will be closing down soon*
Whakahekenga utu	*Special*
Utu Haurua	*Half price*
Kākahu hōu	*New clothes*
Taputapu tākaro	*Toy section*
Kākahu	*Clothes*

Taputapu whare	*Household goods*
Whakatāupe	*Beauty bar*
Pae utu	*Checkout*

KUPU WHAI TAKE – HANDY WORDS

Taunga waka	*Car park*
Kaiwhakahaere toa	*Shop manager*
Kaimahi	*Staff member*
Puka koha	*Voucher*
Puka koha nama 1	*Voucher number 1*
Puka koha nama 2	*Voucher number 2*
Toa hū	*Shoe shop*
Toa hākinakina	*Sports shop*
Toa kākahu	*Clothes shop*
Toa taonga whakarākei	*Jewellery shop*
Toa ātanga	*Beauty shop*
Toa hangarau	*Technology shop*
Toa kuti makawe	*Barbershop / Hair studio*
Toa kawe reo	*Mobile phone shop*
Toa matarau	*Department store*
Hokomaha	*Supermarket*
Whare toatini	*Mall*
Kāmuri	*Café*
Wāhi kai	*Food court*
Whare kiriata	*Movie theatre*
Pūtahi pārongo	*Information*
Tumu whakahaere	*General manager*
Kaiwhakahaere take hoko	*Sales manager*
Kaitiaki whare	*Maintenance*
Ararewa	*Lift*
Ara maiangi	*Escalator*
Papa	*Floor*
Papa tuatahi	*1st floor*
Papa tuarua	*2nd floor*
Papa tuatoru	*3rd floor*

Rūma	*Room*
Arapiki	*Stairs*
Inu	*Drink*
Kai	*Food*
Utu	*Pay*
Koha / Kore utu	*Complimentary*

RERENGA WHAI TAKE – HANDY PHRASES

Belonging to / I did ... (*Ko / Nā / Nō*)

Ko koe tēnā!	*That's so you! (Said when trying on some clothes)*
Ko te kāri tēnei hei utu i ngā kākahu?	*Is this the card to pay for the clothes?*
Ko te kāri tēnei hei utu i ngā taputapu nei?	*Is this the card to pay for these items?*
Ā te 6 karaka tīmata ai te kiriata	*The movie starts at 6pm*
Ā te 9 mutu ai	*It finishes at 9pm*
Ā te 8 i te ata tuwhera ai te whare toatini	*The mall opens at 8am*
Nāu ēnei taputapu?	*Do these items belong to you?*
Nāku tēnei i hoko inanahi engari kua raru / hē.	*I purchased this yesterday but it's broken.*
Nōku kē tēnā tūru – rārangi K, tekau mā ono	*That's my seat – Row K, Seat 16.*
Nōu tēnei koti, e tā?	*Is this your coat, sir?*
Nāu tēnei pāhi, e te kahurangi?	*Is this your handbag, madam?*
Nāu tēnei honae?	*Is this your wallet?*
Nōu ēnei kākaku ināianei!	*These clothes belong to you now!*

Description (He)

He toa pai a Farmers!	*Farmers is a great store!*
He reka ngā kai o te wāhi kai	*The food at the food court is yummy!*

He maha ngā taputapu utu
    māmā ki tēnei toa

*There is a lot of cheap stuff at
this shop*

He toa hākinakina kei konei?

Is there a sports shop here?

He pai tēnā kākahu ki a koe?

*Do you like that item of
clothing?*

He wera rawa i roto i tēnei
    toa!

It's too hot in this shop!

He tino hāneanea ēnei hū

*These shoes are very
comfortable*

He mākū te papa, kia tūpato!

The floor is wet, be careful!

He pai te toa rā mō te hoko
    taonga whakakai

*That shop over there is great
for buying jewellery*

He pai tēnā kōwhiringa!

That is a good choice!

He pai tēnei kōwhiringa!

This is a good choice!

He toa tēnei e aronui ana ki
    āna kiritaki

*This is a store that values its
customers*

Location (Kei hea?)

Kei hea ngā kahumoe
    tamariki?

Where are the kids' pyjamas?

Kei te papa tuarua

On the second floor

Kei hea te wāhi mō ngā
    taputapu tākaro?

Where is the toy section?

I roto koe i te rūma
    whakamātau kākahu?

Were you in the fitting room?

Kei hea te toa kuti makawe?

Where is the hairdresser's?

Kei roto rātou i te whare
    toatini?

Are they in the mall?

Kei hea te pūtahi pārongo?

*Where is the information
centre?*

Kei te taha o te tomokanga
    tuarua te wāhi kai

*The food court is located
beside entrance 2*

Kei hea te kāmuri? Arā!

Where's the café? Over there!

I hea ēnā taputapu tākaro?

Where were those toys?

I te toa matarau o Farmers

In Farmers department store

Kei hea ō taputapu mō te kura?	*Where are your school supplies located?*
Kei te papa tuatahi	*On the first floor*
Kei te ara tuarua rā ngā kākahu kura	*The school uniforms are in aisle 2*
I runga rā ngā pīkau kura whakamutunga . . . te āhua nei, kua pau te hoko	*The last school backpacks were up there . . . it looks like they have all been bought*

Command (Should = Me)

Me tatari ki te Rāmere, kia heke iho ai te utu	*You should wait until Friday when the price drops*
Me piki mā te ararewa ki te papa tuarua, kei reira ngā toa hākinakina	*You should take the lift to the 2nd floor, the sports shops are there*
Me kōrero au ki te tumu whakahaere	*Let me talk to the manager*
Me āta kimi haere koe i ngā whata katoa	*Look carefully at all the shelves*
Me whai pēke koe mō ēnei mea?	*Would you like a bag for these items?*
Me hoko koe i ngā tīhāte e rua, kia māmā ai te utu!	*You should buy two T-shirts, it works out cheaper*
Me utu koe ināianei, kia noho tāpui ai ngā hāneanea nei	*You need to pay now to secure these couches*
Me utu i tētahi wāhanga o te utu ināianei, ā, ia marama, ka utu anō kia ea rā anō	*You need to pay a deposit now, then pay an amount each month until it's all paid off*
Me pēnei te whakahaere i tēnei taputapu tākaro	*This is how you use this toy*
Me hoko koe i tēnei pūroku nei, he pai hoki mō te whānau	*You should buy this tent, it's great for families*
Me haere ki te wharekai Thai o tēnei whare toatini, he tino reka te kai	*You should go to the Thai restaurant in this mall, it has delicious food*

Me mōhio ki te nama o tō puka koha	*Have your voucher number ready*
Me tuwhera tonu te pūtea taurewa	*Keep the tab open*
Me whai puka utu?	*Would you like a receipt?*

Command (Don't = Kaua)

Kaua e haere mā konei	*Don't use this pathway*
Kaua e whāwhā i ēnei taputapu. Ki te pakaru i a koe, kua hoko koe!	*Don't touch these items. If you break it, you've bought it!*
Kaua e kuhu poka noa ki nga rūma whakamātau kākahu. Pātai ki ngā kaimahi i te tuatahi!	*Don't just enter fitting rooms. Ask a staff member first!*
Kaua e hari kai ki roto i tēnei toa!	*Don't bring food into this shop!*
Kaua e whakamahi i tō waea i te wā o te kiriata!	*Don't use your phone during the movie!*
Kaua e tangohia i ngā whata!	*Do not remove from the shelves!*

Command (Do = Kia and using passives to give command; -ngia, -ria, -tia, -hia, -a, etc.)

Kia tūpato kei mataku i a koe ngā kararahe o tēnei toa mōkai!	*Go carefully or you may scare the animals in this pet shop!*
Kia kaha te kōrero Māori ki ngā kaimahi o tēnei toa!	*Feel free to speak Māori to the staff in this shop!*
Kia āta haere kei paheke	*Go slowly so you don't slip*
Kia tūpato, kua mania te papa nei	*Be careful, this ground is slippery*
Kia tere, kei te pau haere ngā tīkiti!	*Hurry up, the tickets are running out!*
Kia tere, kei te pau haere te wā!	*Hurry up, time is running out!*

Whakawetoa tō waea ināianei!	*Switch your mobile phone off now!*
Whakawetoa ngā rama	*Turn off the lights*
Tēnā koa, katia te kūaha	*Please close the door*
Whakamātauhia tēnei	*Try this*
Whakapaua ō moni, e hoa!	*Spend all your money, man!*
Whakaurua ō nama puka koha	*Enter your voucher numbers*
Tīkina	*Fetch it*
Hokona	*Buy it*
Haea tō kari kia utu ai	*Swipe your card to pay*
Haea anō tō kari	*Please swipe your card again*
Mahia anō	*Try again*
Whakakorengia	*Cancel*
Tukua	*Send*
Tukuna	*Submit*
Tuhia mai tō īmēra	*Write your email*

Action Phrase (Future tense = Ka)

Ka kati te whare toatini nei ā te 9 i te pō	*This mall will close at 9pm*
Ka tuwhera tēnei toa matarau ā te 10 i te ata	*This department store opens at 10am*
Ka tae mai ngā kākahu i tonoa e koe, āpōpō	*The clothes you ordered will arrive tomorrow*
Ka tae tō tono ki a koe ākuanei	*Your order will be with you soon*
Ka hoki mai anō ā te 10 meneti	*Back in 10 minutes*
Ka heke te utu mō ngā taputapu katoa o tēnei toa, ā tērā wiki	*Next week, all prices on items in this store will be discounted*
Ka utaina te tapeke ki tō kāri taurewa	*The total will be charged to your credit card*

Action Phrase (Present tense = Kei te . . .)

Kei te whakapaitia tēnei toa	*This shop is being cleaned*

Kei te whakapikihia te utu mō ngā moenga	*The price for beds is increasing*
Kei te pīrangi āwhina koe?	*Would you like some help?*
Kei te tirotiro noa iho au, kia ora	*I'm just browsing, thank you*
Kei te kimi koe i te aha, e tā?	*What are you looking for, sir?*
Kei te kati tēnei wāhanga mō ngā whakahoutanga	*This area is closed for renovations*
Kei te tatari ngā kaimahi ki a koe	*The staff are waiting for you*
Kei te awhe?	*Does it fit?*
Kei te utu koe ināianei?	*Are you ready to pay now?*
Kei te whakaaetia ngā kāri taurewa matua katoa	*We accept all major credit cards*
Kei te whakatutukihia tō tono	*Payment processing*

Action Phrase (Have / Has = Kua)

Kua kite koe i ēnei taputapu hōu?	*Have you seen these new items?*
Kua pātai koe ki te kaimahi?	*Have you asked the staff member?*
Kua whakamātau koe i tēnā kākahu?	*Have you tried on that piece of clothing?*
Kua wātea te mātanga ināianei, mē pātai ki a ia	*The expert is free now, let's ask him / her*
Kua rite tō matawā	*Your watch is ready (fixed)*
Kua whakangungutia tō whakamaroke kākahu	*Your clothes dryer has been serviced*
Kua rite ki te hoko!	*Let's go shopping!*
Kua whakamōhoutia te papa tākaro tamariki i te whare toatini	*This kids playground at the mall has been upgraded*
Kua tae mai he kiritaki ki te kite i a koe	*You have a customer*
Kua rite tō pire	*Your bill is ready*
Kua utu koe?	*Have you paid?*

Kua whakahēngia tēnei hokotanga	*Payment has been declined*
Kua koni atu i te mōrahi o tō kāri taurewa	*Credit card over limit*
Kua katia te pūtea taurewa	*Tab closed*
Kua ea tō kati i tō pūtea taurewa	*You have successfully closed your tab*

Action Phrase (Past tense = I)

I hoko koe i te aha?	*What did you buy?*
I tae koe ki ēhea toa?	*Which shops did you go to?*
I pēhea ngā kaimahi?	*How was the service?*
I kite koe i te aha?	*What did you see?*
I āwhinatia koe?	*Did you get assistance?*
I pēhea te kai o te wāhi kai rā?	*How was the food at that food court?*
I tono koe i te aha?	*What did you order?*
I tino pai tāu hoko paraikete hōu	*Buying some new blankets was a good idea*
I whiua ngā kākahu o mua ki te ipu tūao?	*Did you throw the old clothes into the bins for charity?*

NGĀ KŌRERO KĪWAHA – COLLOQUIALISMS AND SLANG

Nā wai tāu?	*Says who?*
Kāore i a au te tikanga	*My hands are tied*
Āe mārika!	*For sure!*
Anā e pūkana mai nā	*It's right there under your nose*
Kāore e kore	*Without a doubt*

ĒTAHI ATU RERENGA WHAI TAKE – OTHER HANDY PHRASES

Kia ora	*Hello (to one person)*
Tēnā koe	*Hello (to one person)*
Kei te pēhea koe?	*How are you? (to one person)*
Nō hea koe?	*Where are you from? (to one person)*

He aha taku āwhina i a koe?	*What can I help you with?*
He aha tāku māu?	*What can I do for you?*
He aha māu?	*What would you like?*
Māku koe e āwhina?	*Do you want me to help you? /*
	Do you need some help?
Kāore tēnei hokotanga e whakaaetia ana	*Unable to process the transaction*
Whakamātau kōwhiringa hōu	*Try another option*
Tō rārangi tono	*Your tab*
Hoko tonu	*Keep shopping*
Aromātai tono	*Review order*
E hē ana te nama i patoa mai	*Incorrect pin number*
Tirohia ngā kōwhiringa utu	*View payment options*
Kei te mihi ki a koe, e tā	*Thank you very much, sir*
Ngā mihi ki a koe, e te kahurangi	*Thank you very much, madam*

ASKING HOW MUCH SOMETHING COSTS

Working in retail means you are almost always going to be mentioning and talking about the cost of things. To help you do this in te reo Māori, let's examine how the number system works. To begin with, the cardinal numbers used for counting are as follows:

tahi	*one*
rua	*two*
toru	*three*
whā	*four*
rima	*five*
ono	*six*
whitu	*seven*
waru	*eight*
iwa	*nine*
tekau	*ten*
tekau mā tahi	*eleven*
tekau mā rua	*twelve*

tekau mā toru	*thirteen*
tekau mā whā	*fourteen*
tekau mā rima	*fifteen*
tekau mā ono	*sixteen*
tekau mā whitu	*seventeen*
tekau mā waru	*eighteen*
tekau mā iwa	*nineteen*
rua tekau	*twenty*
rua tekau mā tahi	*twenty-one*
toru tekau	*thirty*
whā tekau	*forty*
rima tekau	*fifty*
ono tekau	*sixty*
whitu tekau	*seventy*
waru tekau	*eighty*
iwa tekau	*ninety*
kotahi rau	*one hundred*
rua rau	*two hundred*
kotahi mano	*one thousand*
kotahi miriona	*one million*

Ordinal numbers used for ranking between one and nine require the prefix *tua*:

Tuatahi	*First*
Tuarua	*Second*
Tuatoru	*Third*
I tuawhā ia	*He / She came fourth*
Wahanga tuarima	*Chapter five / Section five*
Kei te papa tuaono tōna whare	*His / Her apartment is on the sixth floor*

Ordinal numbers from 10 upwards require no prefix:

Tekau mā rima	*Fifteenth*
Waru tekau mā ono	*Nineteenth*
Rua mano mā tahi	*2001*

Rua mano tekau mā tahi	*2011*
Kotahi mano, iwa rau, waru tekau mā waru	*1988*

When asking about how many items or objects there are, use *e hia*:

E hia ngā āporo?	*How many apples are there?*
E whitu ngā āporo	*There are seven apples*
E hia ōku matimati?	*How many fingers do I have?*
E rima ō matimati	*You have five fingers*
E hia nga hōiho o tēnei tauwhāinga?	*How many horses are in this race?*
Tekau mā whā	*Fourteen*

When asking how many items or objects are required, use *kia hia*:

Kia hia ngā pukapuka māu?	*How many books do you want?*
Kia whitu ngā pukapuka māku	*Seven books for me*
Kia hia ngā inu mā koutou?	*How many drinks do you (three or more) want?*
Kia ruā tekau mā whā ngā inu	*Two dozen (twenty-four)*
Homai kia kotahi te tōtiti, kia rua ngā hēki	*(Can I have) one sausage and two eggs*
Kia kotahi anō ka mutu	*One more then I'll finish*

When indicating there is only one, *kotahi* is used irrespective of whether it indicates people or objects.

Kotahi anō te rangatira	*There is only one leader*
Kotahi anō te whakautu	*There is only one answer*
Kotahi anō te māngai mō tātou	*There is only one spokesperson for us*
Kotahi anō te rongoā	*There is only one remedy*

E HIA TE UTU? HE AHA TE UTU? – WHAT IS THE PRICE?

E hia te utu and *He aha te utu* are acceptable ways of asking for the cost or price of an item. The words *tāra* for dollars and *hēneti* for cents are commonly used in the response.

E hia te utu mō tēnei waka?	*How much does this car cost?*
Tekau mano tāra te utu mō tēnei waka	*This car costs ten thousand dollars*
E hia te utu mō te parāoa?	*How much for the bread?*
E rua tāra	*Two dollars*
Anei ō inu, e tā	*Here are your drinks, sir*
Tēnā koe, he aha te utu?	*Thank you, how much do I owe you?*
E whitu tāra, e rima tekau ma rima hēneti	*Seven dollars and fifty-five cents*

WHAKATAUKĪ – PROVERBS

In this section we explore some relevant and useful proverbs regarding the topic in this chapter.

Tēnā te ringa tango parahia

That is the hand that pulls out the weeds
This is used for a diligent, hard-working person. It could be said by the manager when presenting the employee of the month or *kaimahi o te marama* award.

He ao te rangi ka ūhia, he huruhuru te manu ka tau

As clouds adorn the sky, feathers enhance the beauty of the bird
This can be said of a well-dressed, fashionable person. A good one to use if you are working in a clothes shop and someone is trying on some clothes. If they ask you what you think the new clothing looks like on them you could reply, 'He ao te rangi ka ūhia, he huruhuru te manu ka tau!' Sold!

E tata tapahi, e roa whakatū

Procrastination is the thief of time

We've identified this one earlier but here it could be used when a customer is deliberating over whether to buy a big-ticket item (or even a small-ticket item, for that matter!). In that context, it would almost be the equivalent of saying, 'Go for it!', 'Just do it / buy it', or 'Take the plunge!'

7. KO TE REO PĀPĀHO
REO FOR THE MEDIA INDUSTRY

KŌRERO WHAKATAKI
INTRODUCTION

This chapter will help you understand the Māori language you may hear spoken in the media and learn some words and phrases you can use if you're in broadcasting yourself. But let's start with a look at the role broadcasting plays in the way te reo Māori is perceived and valued in society.

Media has a similar role to politics in its influence on te reo Māori. As an official language of Aotearoa New Zealand since 1987, spoken te reo Māori wasn't exactly embraced on our most influential national screens and radio stations immediately. Waiata with Māori lyrics got a look-in – think *Poi E* by the Pātea Māori Club, Prince Tui Teka, and, of course, my uncle Sir Howard Morrison's version of *Whakaaria Mai* (How Great Thou Art), and, wonderfully, *Wairua* by Maimoa Music was one of the country's most viewed YouTube videos of 2017! But spoken Māori language in media has always struggled for time, funding and care. Bastion TV shows like *Koha*, *Waka Huia*, *Te Karere* and *Marae* held the fort until Māori Television was established, and without giving you a full rundown of the Māori media sector, I can say there hasn't been a problem with over-exposure of Māori programming! Incorrect pronunciation of Māori in mainstream broadcasting has set our language back. It has also sent a message that te reo, although an official language, wasn't worth the effort to pronounce correctly. That included place names and personal names and has contributed to some learners feeling they have to unlearn that incorrect pronunciation.

To make us all feel better, and determine to do better, Māori language pronunciation and usage in mainstream media has been improving over the last five years, which is, not coincidentally, linked to what is being described as a renaissance in terms of te reo Māori. The huge influence of all types of media is an opportunity to be a te reo Māori champion, and knowing you don't have to be an expert to be a champion.

SIGNAGE FOR MEDIA

Taiwhanga pāpāho	*Studio*
Hui pāpāho	*Press conference*
Rāngai pāpāho	*Media sector*
Hunga pāpāho	*Media*
Reo irirangi	*Radio*
Pouaka whakaata	*Television*
Taiwhanga whakarākei	*Make up room*
Taiwhanga tīni kākāhu	*Changing room*
Taupuni hopuoro	*Recording studio*
Kei te hopu kōrero, me wahangū	*Recording, be quiet*
Tira hanga hōtaka	*Production team*
Kaimahi anake	*Staff only*
Hunga pāpāho anake	*Media only*
Me whakaatu i tō mana whakauru	*Access pass must be displayed*
Nau mai, kei te papa tuarua te taupaepae	*Welcome, reception is on level two*
Tautiaki	*Security*
Taunga waka	*Carpark*

KUPU WHAI TAKE – HANDY WORDS

Te ao pāpāho	*The media world*
Pouaka whakaata	*Television*
Reo irirangi	*Radio*
Pūtea tautoko	*Funding*
Hōtaka	*Programme*
Pitopito kōrero / Pūrongo	*News*
Pūrongo	*Report*
Matapae huarere	*Weather forecast*
Whakatairanga	*Advertisements*
Hongere	*Channel*
Matihiko	*Digital*
Pae tukutuku	*Website*
Pae pāpāho pāpori	*Social media*
Pāhotanga mataora	*Livestream / live broadcast*
TiriAta	*YouTube*
Pūhara / Pae	*Platform*
Hākoritanga / Paki waituhi	*Animation*
Pakiwaituhi	*Cartoon*
Pāhorangi / Punua pāoho	*Podcast*
Ihirangi	*Content*
Pūrongo	*Report*
Tuhinga	*Written article*
Rongorau	*Multimedia*
Ohaurunga / Hokonga	*Subscription*
Hui pāpāho	*Press conference*
Patapatai / Uiuinga	*Interview*
Wāwāhi kōrero	*Editing*
Mahi pāpāho	*Media studies*
Kaimahi pāpāho	*Media staff*
Kaiwhakaputa matua	*Executive producer*
Kaiwhakaputa	*Producer*
Ringatohu	*Director*
Kairīpoata / Kaikawe kōrero	*Reporter*

Tāhūhū rangapū	CEO
Whakaata Māori	Māori Television
Te Reo Tātaki	Television New Zealand
Te Reo Irirangi o Aotearoa	Radio New Zealand
Irirangi Te Motu	NZ On Air
Whakaata Toru	TV3
Te Māngai Pāho	Māori media funding agency
Te Whakaruruhau o Ngā Reo Irirangi Māori	National Māori radio network
Whakaata Rangi	Sky TV
Te Herora o Aotearoa	NZ Herald
Rangikiriata	Netflix

RERENGA WHAI TAKE – HANDY PHRASES
Phrases often heard in media

Ata mārie ki a koutou	Good morning to you all
Mōrena	Good morning (transliteration of 'morning')
Ngā mihi o te ata	Good morning (greetings of the morning)
Nau mai, haere mai ki te hōtaka nei	Welcome to this programme
Piki mai, kake mai	Welcome aboard
E whai ake nei	Coming up next
Hoki mai anō	Welcome back
Anei ngā pitopito kōrero	Here's the news
Anei ngā matapae huarere	Here's the weather forecast
Ko Shannon Haunui-Thompson tēnei mō Te Ata Pūao	This is Shannon Haunui-Thompson for Morning Report
Ko te tekau mā whā te pāmahana i Tāmaki Makaurau i tēnei wā	The temperature is 14 degrees in Auckland at the moment
Atu i te whare paremata, ko Te Aniwa Hurihanganui tēnei	From Parliament, this is Te Aniwa Hurihanganui

Ko Te Okiwa McLean tēnei mō Te Karere	*This is Te Okiwa McLean for Te Karere*
Regan Paranihi o Te Ao Māori	*Regan Paranihi from Te Ao Māori (news)*
Noho ora mai rā	*Goodbye (literally: I leave you in good health)*
Hei kōnā mai	*Bye for now*
Ka kite anō	*See you again*
Pōmārie / Pōrarau	*Goodnight*
Hei āpōpō	*Until tomorrow (as in, 'we'll be back tomorrow')*

Belonging to / I did . . . (Ko / Nā / Nō)

In broadcasting, *ko* is used before personal names, pronouns, and to introduce a topic. It doesn't have an equivalent in English, which can make things tricky, but hopefully, as you work through the many examples of this book, you will start to get the gist of how this small but powerful word works!

Ko Dale Husband tēnei	*This is Dale Husband*
Ko Dale Husband ahau	*I am Dale Husband*
Ko Kahurangi Patsy Reddy tā tātou kaikōrero i tēnei ata	*Dame Patsy Reddy is our interviewee this morning*
Ko te kaupapa o tēnei hui	*The matter of discussion for this hui*
Ko te ono karaka i te ata te wā ināianei	*The time is six o'clock in the morning*
Ko te waru karaka te wā e tū ai tēnei hui whakahirahira	*Eight o'clock is when this important meeting will begin*
Ko wai te kairīpoata mō tēnei take?	*Who is the reporter for this topic?*
Ko wai te tangata tika hei uiui māku?	*Who is the most appropriate person for me to interview?*
Ko te āhua ohaoha o te wā tētahi take nui i tēnei wiki	*The economic climate is an important issue this week*

Nāu tēnei tāwhakaahua?	*Does this camera belong to you?*
Nāku tēnei pūrongo i hanga engari māu pea e whakatika	*I prepared this report but perhaps you can fix it up*
Nōku kē taua whakaaro	*That was in fact my idea*
Nō wai taua whare pāpāho kei te huarahi o Karangahape?	*Who owns the studio on Karangahape Road?*
Nāu tēnei hongore TiriAta, e hoa?	*Is this your YouTube channel, my friend?*
Nāu ēnei kiripuaki?	*Are these your characters?*
Nō Simon taua hūtu, ehara i Te Manahau!	*That suit belongs to Simon, not Te Manahau*

Description (*He*)

He hōtaka pukukata tēnei!	*This is a funny show!*
He pai te reo Māori o taua kairīpoata	*That reporter's Māori language is very good*
He maha ngā kaupapa kōrero i tēnei rā	*There is a lot to talk about today*
He toaitanga tēnei	*This is a repeat*
He kaupapa nui tēnei ki a koe?	*Do you think this is a big issue?*
He uaua rawa te kimi hōtaka i tēnei pae tukutuku!	*It's too hard to find programmes on this site!*
He moumou pūtea tēnei ohaurunga	*This subscription is a waste of money*
He kōura wē te whero te tangata rā, kia tūpato	*That guy is hot-headed, be careful*
He pai tēnei hōtaka mō te ako kupu	*This show is good for learning vocabulary*
He rangi paki kei te haere	*It's going to be a fine day*
He rangi kāpuapua i Tāhuna	*It's a cloudy day in Queenstown*

He whatunga pāpāho tūmatanui tēnā	*That is a public broadcasting network*

Location (*Kei hea?*)

Kei hea ngā hōtaka reo Māori?	*Where are the Māori language programmes?*
Kei te papa tuawhā te taiwhanga hopu kōrero	*The recording studio is on the fourth floor*
Kei hea tō pūrongo e noho ana i te tūmau matihiko?	*Where is your report on the digital server?*
I te taiwhanga whakarākei ngā kaikōrero katoa	*All of the interviewees were in the makeup room*
Kei hea te tuhinga e kōrerohia nei?	*Where is this article we're talking about?*
Kei hea ngā tohe ā ngā māngai Māori i tēnei kōrero?	*Where are the voices of dissent from Māori in this article?*
Kei hea te ringatohu?	*Where is the director?*
Kei Amerika a Taika Waititi e mahi ana	*Taika Waititi is working in America*
Kei hea te hui pāpāho mō te Kapa Ōpango?	*Where's the press conference for the All Blacks?*
Kei hea te kapa o Ngā Mamaku?	*Where are the Black Ferns?*
I te Pukamata taua whitiāhua	*That video was on Facebook*
Kei hea ō taputapu pāpāho?	*Where is your recording equipment located?*
Kei taku ringa nei, ka hopukina ngā kōrero ki taku waea	*In my hand, I'll record the interview on my phone*
Kei te hongere o Te Reo Tātaki taua hōtaka	*That programme is on TVNZ*
I konei taua hōtaka – te āhua nei me hoko ohaurunga kia mātaki tonu ai	*That programme was here – it looks like you have to pay a subscription to keep watching*

Command (Should = *Me*)

Me tatari kia hua mai i a
Rangikiriata, kātahi tātou
ka mātaki i ngā hōtaka
katoa

*You should wait until it comes
up on Netflix, then we'll watch
all of the episodes*

Me whakamahi i te ingoa
Māori, kātahi ka
whakapākehātia

*Use the Māori name, then
translate to English*

Me kōrero au ki te tumu
whakahaere o te niupepa
rā

*Let me talk to the manager of
that newspaper*

Me āta tirotiro i ngā kirimana
katoa

*Look carefully at all the
contracts*

Me utu tātou ki te mātaki i
ēnei pakiwaituhi?

*Do we have to pay to watch
this cartoon?*

Me tohe koe kia whai wāhi ai
tō pūrongo! Ki te kore, ka
whai puehu noa iho

*You should go hard to get
your story in there, if you
don't, it will just gather dust*

Me kimi i tētahi kaikōrero kei
te mura o te ahi

*We need a speaker who is
right in the thick of it*

Me hanga pātai kia mau ai te
nanakia rā

*You need to construct the
questions so we catch that
trickster out*

Me pēnei te whakahaere i
tēnei pae tukutuku kia pai
ai tō kimi i ngā hōtaka pai

*This is how you use this
website to find the good
programmes*

Me mātakitaki ngātahi
koutou, he pai hoki mō te
whānau

*You should all watch together,
it's great for families*

Me kotahi atu ki te kaupapa,
kaua e tuku i a ia kia
pahupahu noa

*You need to get straight in to
it, don't let him / her just rave
on*

Me mōhio ki te iarere o te reo
irirangi nei

*You have to know the
frequency of this radio station*

Me āta whakarongo, me āta kōrero	*Listen carefully, speak carefully*
Me muku te pūrongo i ngā pae pāhopori?	*Shall we take the report off all social media?*

Command (Don't = *Kaua*)

Kaua e horomi i āu kupu	*Don't swallow your words*
Kaua e uru mai, mēnā e kā ana te rama whero	*Don't come in if the red light is on*
Kaua e kokoti i ngā kaumātua, ehara rātou i te kaitōrangapū	*Don't interrupt the kaumātua, they're not politicians*
Kaua e whakamā, kōrero mai!	*Don't be shy, have your say!*
Kaua e whakamahi i tō pūwhakaahua i tēnei wā!	*Don't use your camera right now!*
Kaua e wareware ki te tuhi tīhau e whakatairanga ana i te kaupapa nei	*Don't forget to write a tweet to promote this issue*

Command (Do = *Kia* and using passives to give command; *-ngia, -ria, -tia, -hia, -a*, etc.)

Kia tūpato kei rangirua ngā whakaaro o ngā kaiwhakarongo	*Go carefully or you may confuse the listeners*
Kia kaha te kōrero Māori ki te hunga mātakitaki!	*Feel free to speak Māori to the audience!*
Kia āta haere, kei hapa koe, ka mate ki te mahi anō	*Go slowly so you don't make a mistake and have to do it again*
Kia mārama ai te katoa, tēnā koa, āta whakamārama mai	*So that everyone understands, please explain this carefully*
Kia tere, kei te pau haere te wā!	*Hurry up, time is running out!*
Kia tere, kei riro i hongere kē!	*Hurry up, in case we lose it to another channel!*

Whakawetoa tō waea i te wā o ngā kōrero ōkawa	*Switch your mobile phone off during the formalities*
Whakairia ngā pūrongo katoa ki te pae tukutuku	*Put up all of the stories online*
Tēnā koa, mukua tēnei wāhanga o te kōrero	*Please delete this part of the story*
Whakamātauhia tēnei, ka rata mai te rangatahi	*Try this, the young ones will like it*
Whakautua te pātai, e te Minita	*Answer the question, Minister*
Whakaurua tō wāhi noho kia mana ai te ohaurunga	*Enter your address to complete the subscription*
Tīkina atu ngā kupu tawhito hei whakarākei i te pūrongo nei	*Utilise classical terms to embellish this report*
Mahia anō, kāore anō kia eke ki te taumata	*Try again, it's not good enough yet*
Whakakorengia taua hōtaka, he hongehongeā	*Cancel that programme, it's boring*
Tukua tō amuamu ōkawa ki tēnei īmēra	*Send your formal complaints to this email*
Tukuna tō tono pūtea, me kore noa e tūpono ka angitu koe!	*Submit your funding application, just in case you get it!*
Tuhia mai tō īmēra	*Write your email*

Action Phrase (Future tense = *Ka*)

Ka pai tēnei hōtaka mā te hunga pakeke anake	*This programme will only be suitable for adults*
Ka mātakitakihia tēnei hōtaka e te marea	*This programme will be watched by the masses*
Ka tae atu ahau ki te uiui i a koutou, āpōpō	*I will come to interview you all tomorrow*

Ka whakarewahia te terenga hou o tēnei hōtaka ā tērā wiki	*The new season of this show will be launched next week*
Ka hoki mai anō ā te rua meneti	*Back in 2 minutes*
Ka hoki anō tātou ki tēnei kaupapa nui whakaharahara āpōpō	*We will return to this very important topic again tomorrow*
Ka whai tūranga mahi ngā kairīpoata pūkenga nui	*The jobs will go to skilled reporters*

Action Phrase (Present tense = *Kei te . . .*)

Kei te porotū ngā kaiako i tēnei rā	*The teachers are striking today*
Kei te whakapikihia te kōrerotanga o te reo Māori	*The amount of Māori being spoken is increasing*
Kei te pirangi koe ki te kōrero mai ki a mātou?	*Would you be okay to talk to us?*
Kei te aronui mātou ki ngā hiahia o te hunga mātakitaki	*We are paying careful attention to the needs of our audience*
Kei te kōrero tonu ia?	*Is he / she still talking?*
Kei te tuku pātuhi ki te reo irirangi rā, kei te hōhā au i te kōrero ā tēnei kaipāpāho	*I'm sending a text to that radio station, I'm annoyed at what this announcer is saying*
Kei te tatari tātou kia rongo kōrero mō te pūtea tautoko	*We are all waiting to hear about funding*
Kei te mārama koe ki ēnei kōrero?	*Do you understand what I'm saying?*
Kei te karo koe i aku pātai?	*Are you avoiding my questions?*

Kei te hanga hōtaka hou mātou	*We are making a new programme*
Kei te whakarongo mai koe ki Te Reo Irirangi o Aotearoa	*You're listening to Radio New Zealand*

Action Phrase (Have / Has = *Kua*)

Kua kite koutou i ā mātou whitiāhua hōu?	*Have you seen our new videos?*
Kua whakahoki kōrero mai te tari o te minita?	*Has the minister's office returned our call?*
Kua whakatairangatia tēnei hōtaka?	*Has this programme been promoted?*
Kua wātea ētahi o ngā ia waea, ā tēnā, waea mai, tukuna mai ō koutou whakairo	*Some of our phone lines have been freed up, give us a call, tell us what you all think*
Kua hopukina ngā kōrero, kua waiho ki te pae tuatoru o te pūnaha rorohiko	*The voice has been recorded, it's third in the queue*
Kua whakangungutia ngā kaipāpāho, i tōna tikanga ka pai ake ngā pūkenga whakahua ināianei	*The broadcasters have been trained up, which should mean better pronunciation now*
Kua rite koutou ki te toa i te whakataetae nei?	*Are you guys ready to win this competition?*
Kua whakamōhoutia ngā taiwhanga pāpāho	*The studios have been upgraded*
Kua tae mai ngā manuhiri	*The guests have arrived*
Kua rite te kirimana, me waitohu, me whakahoki	*The contract is ready, it needs to be signed and returned*
Kua whakahēngia te kiriata rā, me rapu kaitautoko kia taurite ai ngā kōrero	*That movie has been criticised, find someone who supports it so the story is balanced*

Kua whakakorengia taua hōtaka	*That programme has been cancelled*
Kua ea ngā kawatau o te kirimana	*The terms of the contract have been met*
Kua piki te kounga o tō mahi	*The quality of your work has improved*
Kua pau te wā ki a tātou i tēnei rā	*We're out of time for today*

Action Phrase (Past tense = *I*)

I ohorere te hunga pāpāho i tēnei kōrero	*The media was surprised by this announcement*
I tono mātou i ō koutou whakaaro, anei ētahi i tae mai	*We asked for your thoughts, here are some that came in*
I pēhea ngā whakaaro o te hunga whakarongo ki tēnā?	*What did the listeners think of that?*
I kite koe i te aha?	*What did you see?*
I pai ngā whakaahua i whakaahuatia e koe?	*Did you get good images?*
I pēhea te kōrero i taua hui?	*How was the debate at that meeting?*
I pānui koutou i tēnei tuhinga?	*Did you all read this report?*
I kihirua te minita	*The minister changed his / her mind*
I whiua ngā pātai, auare ake	*I put the questions out there to no avail*

NGĀ KŌRERO KĪWAHA – COLLOQUIALISMS AND SLANG

Kāore e nama te kōrero	*What a motormouth*
He taringa kōhatu	*Deaf ears never listens*
Karawhiua!	*Give it heaps!*
Autaia tonu	*Not bad*
Waha papā	*Loudmouth*

WHAKATAUKĪ – PROVERBS

In this section we explore some relevant proverbs regarding the topic in this chapter.

He aha te kai a te rangatira? He kōrero

What is the food of chiefs? It is discussion, it is communication
This is used to stimulate debate and discussion, and to remind us that talking things through is a valuable and chiefly pursuit.

He tao huata e taea te karo, he tao kī kore e taea

A spear can be deflected, but words cast as a spear cannot be
This speaks to the care that is to be taken with words, knowing that once said – or written – they cannot be retracted.

He tangata kī tahi

A person who speaks only once – someone who sticks to their word
This can be said to reiterate the importance of sticking to our word and can also speak of a person who only needs to say something once for action to be taken.

Kāore te kūmara e kōrero ana mō tōna ake reka

The kumara does not speak of its own sweetness
This whakataukī exults humility. The kūmara was an important staple for Māori, so suggesting that even the kūmara doesn't revel in its own goodness reminds mere mortals we don't need to get caught up in our own hype.

8. KO TE REO MŌ NGĀ KAIAKO
REO FOR TEACHERS

KŌRERO WHAKATAKI
INTRODUCTION

Unfortunately, the huge benefits of having and learning te reo Māori in schools were ignored and dispelled in New Zealand for many years. The truth may hurt, but the education system in Aotearoa was deliberately geared to colonise and assimilate Māori into the new Western culture and language and to devalue te reo Māori. I'll go into it a bit more later on in the book (there's a Treaty chapter coming up!), but for now, Māori language was described (and still is described by many) as a relic of the past with no relevance or value in today's modern world. Well, I'm here to argue the contrary.

Being fluent in te reo Māori is a career asset now. Then there's the benefits of bilingualism, which makes learning other languages easier, and language acquisition skills are applicable across school subjects. During the past 30 years of learning, studying and researching te reo Māori, I have discovered, and been witness to, what I have called the transformative powers of te reo Māori or *te mana tauwhirowhiro o te reo Māori*. I have seen the lives of people of all ages and all walks of life changed for the better by learning te reo Māori, from prisoners to single parents, from young students to high-flying corporates. Learning te reo Māori helps us learn another way of thinking, including how we think of ourselves. Research reinforces the value of learning the indigenous language of a country to create understanding and a more harmonious coexistence. I believe it's what we need in Aotearoa to help us truly identify who we are in the world and what differentiates us from other cultures and countries.

We all know that teachers and schools play a very important role in shaping our young people's minds and attitudes, and many schools have battled along with very little resources to uphold the mana of one of our three official languages. Better attention and attitude towards teaching te reo Māori has meant New Zealanders schooled more recently – those who are now in their twenties and maybe early thirties – generally have better Māori pronunciation than older generations.

I encourage all teachers to take on the challenge and increase the amount and quality of te reo Māori in their classroom programmes. You don't have to be an expert in te reo Māori to normalise it in your classroom. You don't have to be an expert in te reo Māori to be a language champion.

SIGNAGE FOR SCHOOLS

Nau mai ki te Kura o ...	*Welcome to ... School*
Akomanga	*Classroom*
Kura auahi kore	*Smoke-free school*
Kia āta haere – kura	*Go slow – school*
Kōtiro	*Girls*
Kōhine	*Girls (teens)*
Tari	*Office*
Tama	*Boys*
Tamatāne	*Boys (teens)*
Tumuaki	*Principal*
Tumuaki tuarua	*Deputy / Vice principal*
Rūma haumanu	*Sick bay*
Whare hākinakina	*Gym*
Whare rauemi	*Resource room*

Whare tapere	*Performance room*
Whare matua	*Hall*
Pātengi	*Storeroom*
Paekura	*Lost property*
Pae āwhina	*Help desk*
Papa tākaro	*Playground*

KUPU WHAI TAKE – HANDY WORDS

Akonga	*Student*
Ngā akonga	*Students*
Akomanga	*Classroom*
Ata mārie	*Good morning*
Iringa kākahu	*Clothes hook*
Hautō	*Drawer*
Hū	*Shoes*
Kahu kura	*School uniform*
Kaiako	*Teacher*
Kiripaepae	*Receptionist*
Kūaha	*Door*
Kutikuti	*Scissors*
Kāpia	*Glue*
Hāpiapia	*Sticky tape*
Mōrena	*Good morning*
Ngūpara	*Raincoat*
Papamā	*Whiteboard*
Pīkau	*Backpack*
Pēke kura	*School bag*
Pene	*Pen*
Pene papamā	*Whiteboard pen*
Pene rākau	*Pencil*
Pene whītau	*Felt pen*
Pouaka kai	*Lunchbox*
Rūma	*Room*
Whata	*Wardrobe / Locker*
Paramanawa	*Snack*

Paru	*Dirty*
Haunga	*Smelly*
Ngenge	*Tired*
Pukukino	*Grumpy*
Hiakai	*Hungry*
Hītako	*Yawn*
Hītakotako	*Yawning continuously*
Eke hōiho	*Horse-riding*
Whutupōro	*Rugby*
Rīki	*League*
Mekemeke	*Boxing*
Takaporepore	*Gymnastics*
Poitarawhiti	*Netball*
Poitūkohu	*Basketball*
Poiuka	*Softball*
Poiwhana	*Football / Soccer*
Haupoi	*Hockey*
Kauhoe	*Swimming*
Pīano	*Piano*
Kīta / Rakuraku	*Guitar*
Kanikani	*Dancing*
Kani hītengi	*Ballet*
Kani tārutu	*Hip-hop dancing*
Pāngarau	*Mathematics*
Pūtaiao	*Science*
Pakirēhua	*Inquiry*
Hākinakina	*Sports*
Pānui	*Reading*
Tuhituhi	*Writing*
Hangarau	*Technology*
Toi	*Art*
Puoro	*Music*
Tunu kai	*Cooking*
Kauhoe	*Swimming*

RERENGA WHAI TAKE – HANDY PHRASES

Belonging to (*Ko / Nā / Nō*)

Nō wai tēnei akomanga tino pūhangaiti? Ka nui taku manawareka ki te āhua o tēnei akomanga	*Who does this very tidy classroom belong to? I'm so pleased with how it looks!*
Nō wai tēnei tarau poto?	*Whose shorts are these?*
Nō wai tēnei pōtae?	*Whose hat is this?*
Nā Rikihana te pouaka kai nei, tukua ngā kongakonga kai ki te ipu para	*This is Rikihana's lunchbox, put the food crumbs in the bin*
Nāu ngā pene whītau nei, whakahokia ki te wāhi tika	*These felt pens are yours, put them back in their proper place*
Nā wai ēnei pukapuka?	*Whose books are these?*
Nā kōrua tēnei rārangi mahi	*This list of jobs is for you two*
Nō koutou te rūma nei, mā koutou e whakapaipai	*This is your (3 or more) room, you clean it up*
Ko aku pepa mahi ēnei, māu e whakahoki, kia nahanaha ai?	*These are my work papers, can you put them back so they're well organised?*
Ko wai ngā tamariki e tika ana te noho? Ko Mere? Ka pai, e Mere!	*Who are the children sitting nicely? Mere? Very good, Mere!*

Description (He)

He rā pai tēnei ki te haratau rīki, nē?	*This is a good day for league practice, eh?*
He paramanawa reka tāu?	*Do you have some yummy morning tea?*
He kākaku mātotoru tēnei, kia kore ai e tīhaea	*This is a thick jersey, so it won't get ripped*
He tino mātau tō kaiako takaporepore, nē?	*Your gymnastics teacher is very knowledgeable, eh?*

He ringa mākohakoha ōu mō te whakatangi pīano	*You have expert hands for playing the piano*
He pakari ngā pūkenga o tō kapa poiwhana	*Your soccer team is awesomely talented*
He tino kaingākau nōu ki te poiuka, nē?	*You really love softball, don't you?*
He uaua rawa ō mahi kāinga	*Your homework is too difficult*
He māmā rawa ō mahi kāinga	*Your homework is too easy*
He pai koe ki te pānui pukapuka, e tama	*You're great at reading, young boy*
He ātaahua te whakaaro o tēnei tuhinga āu	*The thought behind this piece of writing is beautiful*

Location (Kei hea / I hea?)

Kei hea tō pēke kura / pīkau?	*Where is your school bag?*
Kei hea tō pouaka kai?	*Where is your lunchbox?*
Kei hea ō kahu kura?	*Where is your school uniform?*
Kei roto ō kahu kura i te whata	*Your school uniform is in the wardrobe*
Kei hea ō hū?	*Where are your shoes?*
Kei runga ō pene rākau i ngā hautō	*Your pencils are on top of the drawers*
Kei hea tō mahi kāinga? Raua atu ki tō pēke / pīkau	*Where is your homework? Put it in your bag*
Kei roto tō ngūpara i te whata	*Your rain coat is in the wardrobe*
Kei roto ō taputapu toi mō te rā nei i tō whata	*Your artwork supplies for today are in your locker*
Kei hea tō pēke pukapuka?	*Where is your book bag?*
I hea ō pūtu whutupōro?	*Where were your rugby boots?*
I hea ō tōkena rīki?	*Where were your league socks?*
I roto tō rākau haupoi i te whata	*Your hockey stick was in the wardrobe*

I runga ō pukapuka kītā i tō papamahi	*Your guitar books were on your desk*
I hea a Hēmi i te rā nei? Kāore ia i tākaro	*Where was Hēmi today? He didn't play*
I runga tāku pikitia i te pātū o te akomanga	*My picture was on the wall of the classroom*
I hea koe? Kua mutu kē te whakataetae!	*Where were you? The competition is finished!*

Command (Should = Me)

Me horoi koe i tō kanohi me ō ringaringa	*Wash your face and hands*
Me panoni koe i ō kākahu	*Change your clothes*
Me kuhu koe i ō kahu hākinakina	*Put on your sports clothes*
Me inu wai māori koutou	*Make sure you (3 or more) drink water*
Me mau pōtae whakamaru i mua i te puta ki waho	*Put your sunhats on before going outside*
Me tuku ngā taputapu pāngarau ki te hautō	*Put the maths equipment in the drawer*
Me horoi i ngā taitai peita	*Clean the paint brushes*
Me āwhina au i a koe?	*Shall I help you? / Do you need some help?*
Me here / whiriwhiri i ō makawe	*Tie up / Plait your hair*
Me eke koe i te pahi	*Go to / get in the bus*
Me haere ki te tari o te tumuaki	*Go to the principal's office*
Me haratau pīano koe	*You should practise your piano playing*
Me tango koe i tō mahi kāinga i tō pīkau	*Take your homework out of your bag*
Me tīmata ki ngā mahi pāngarau	*Start with maths*

Me whakaoti koe i ō mahi i mua i te tākaro	*Finish your work before you go to play*
Me aro ki te pānui, hei aha ngā hangarau	*Concentrate on reading, never mind your electronic devices*
Me tuku koe i ō kākahu paru o te rā nei ki tō pēke	*Put your dirty clothes from today into your bag*
Me whakatika koutou (3 or more) mō te hui a te kura	*Get ready for the school assembly*
Me wawe te haere ki te moe ā te pō nei, kei te ngenge koe	*Go to bed early tonight, you are tired*
Me āta whakahua i ngā kupu, mauī ki te matau, nē?	*Pronounce the words slowly and carefully, from left to right, okay?*
Me whakaweto ngā rama o te whare hākinakina	*Turn the lights off in the gym*

Command (Don't = Kaua / Kāti)

Kāti te whakaroaroa	*Stop procrastinating*
Kaua e waiho tēnei rūma kia tīwekaweka tonu (me whakapai!)	*Don't leave this room in an untidy state (clean it up!)*
Kaua e waiho ō taonga kia marara noa i te papa	*Don't leave your stuff scattered on the floor*
Kaua e waiho ō kākahu ki wīwī, ki wāwā	*Don't leave your clothes all over the place*
Kaua e waiho māku ō mea e kohikohi	*Don't leave it up to me to collect your stuff up*
Kāti te raweke hangarau, he wā pānui pukapuka tēnei!	*Stop playing with your electronic devices, it's reading time!*
Kaua e waiho ko tīwekaweka, engari ko pūhangaiti kē	*Don't leave things untidy, leave them nice and ordered (tidy) (A message to your students to tidy the classroom)*

Kaua māu tēnā e kawe, he taumaha rawa	*Don't you carry that, it's too heavy*
Kaua e arokore ki ngā tohutohu	*Don't ignore the instructions*
Kaua e pānui i te katau ki te mauī, engari i te mauī ki te katau	*Don't read from right to left, but from left to right*
Kaua e pōhēhē ka māmā noa iho	*Don't mistakenly think it will be easy*
Kaua e paopao rawa ngā oro o te pīano	*Don't hit the piano keys too hard*
Kaua e māharahara, he uaua te pūtaiao!	*Don't worry, science is hard*

Command (Do = Kia / E / Passives)

Kia mutu tō mahi toi, ka wātea koe ki te pānui pukapuka	*When you finish your artwork, you can read a book*
Kia kaha te haratau i ō rārangi whakarau, mā reira ka tohunga	*You need to really practise your times tables hard, that's how you become good at them*
Kia tau, ehara i te mutunga o te ao!	*Settle down, it's not the end of the world!*
Kia mutu te kai o te rānui, ka hui ngā ākonga ki te tito waiata	*When lunchtime is finished, the students will get together to compose songs*
Kia tūpato koe, kei mūhore koe i tēnei whakamātautau	*Be careful or you may fail this test / exam*
Unuhia ō hū!	*Take off your shoes!*
Katia te kūaha!	*Close the door!*
Huakina te matapihi!	*Open the window!*
Kainga ō kai!	*Eat your food!*
Tīkina mai te māripi rā!	*Fetch me that knife over there!*

Inumia tō wai māori!	*Drink your water!*
Tirohia ēnei whakaahua!	*Look at these photos!*
Tāria te wā!	*Bide your time, be patient!*
E tū!	*Stand up!*
E noho!	*Sit down!*
E moe!	*Sleep!*
E oho!	*Wake up!*
E oma!	*Run!*
E karo!	*Dodge!*
E inu!	*Drink up!*
E kai!	*Eat up!*

If the command word has more than two vowels? Pretty simple, e hoa mā, drop the *e*:

Titiro mai!	*Look here!*
Titiro atu!	*Look over there!*
Titiro ki te karoro!	*Look at the seagull!*
Haere mai!	*Come here!*
Haere atu!	*Go away!*
Haere!	*Go!*
Maranga!	*Get up!*
Whakarongo!	*Listen!*
Hoihoi!	*Be quiet! It's noisy!*
Takoto!	*Lie down!*
Tīraha!	*Lie down on your back!*
Tāpapa!	*Lie face down!*
Taihoa!	*Wait on!*
Pātai ki a ia!	*Ask him / her!*
Whakarongo ki tēnei waiata!	*Listen to this song!*

Action Phrase (Future tense = Ka / Ki te . . . ka . . .)

Ka timata te hopuni a te kura ā tērā wiki	*School camp starts next week*
Ka mahi tahi tāua i ō mahi pūtaiao, nē?	*We (you and I) will work together on your science project, okay?*
Ka kōrero koe ki ngā tamariki mō te parekura i Ōtautahi i te ata nei?	*Are you going to talk to the kids about the disaster in Christchurch this morning?*
Ka hoko kai koe i te rā nei?	*Are your purchasing a lunch order today?*
Ka kauhoe koe ā te ahiahi nei?	*Are you going swimming this afternoon?*
Ki te ua, ka haere mā runga pahi ki te wāhi mō te whakataetae kaipara o te kura	*If it rains, we will go to the venue for the school athletics competition on the bus*
Ki te whiti te rā, ka haere mā raro ki te papa tākaro	*If it's fine, we will walk to the sports field*
Ki te ua āpōpō, ka kore te rā hākinakina e tū	*If it rains tomorrow, the sports day will be cancelled*
Ki te kore koe e aro mai, ka taumaha te whiu	*If you don't pay attention, the punishment will be severe*
Ki te kī rawa tō oko i te waikawa, ka maringi ki te papa	*If you fill the bowl with too much acid, it will spill on the floor*

Action Phrase (Present tense = Kei te . . .)

Kei te kuhu kākahu matatengi koe? He rā makariri tēnei	*Are you putting on warm clothes? It's cold today*
Kei te mahana koe?	*Are you warm?*
Kei te whakaae te kura ki ēnā kākahu?	*Are you allowed to wear those clothes to school?*

Kei te hari koe i ō pukapuka ki te akomanga o Whaea Charlotte?	*Are you taking your books to (teacher) Charlotte's classroom?*
Kei te haratau te kapa haka i te rā nei?	*Are you (3 or more) doing kapa haka (Māori performing arts) today?*
Kei te tōmuri haere kōrua, kei te pau haere te wā!	*You two are starting to run late, time is running out!*
Kei te peita pikitia koe?	*Are you painting a picture?*
Kei te kai tonu au	*I am still eating*
Kei te tiki tāua i a Mereana?	*Are we (you and I) picking up Mereana?*
Kei te kōaro tō tīhate, me hurirua kia tika anō ai	*Your shirt is inside out, turn it around the right way*
Kei te hē tō tarau, kei mua a muri	*Your pants are on wrong, the back is at the front*

Action Phrase (Have / Has = Kua)

Kua whakarite koe i ō kākahu mō āpōpō?	*Have you organised your clothes for tomorrow?*
Kua kōrero au ki ō mātua mōu	*I have spoken to your parents about you*
Kua oti i a koe ō mahi?	*Have you completed your work?*
Kua mutu tō whakatauanga mahi?	*Have you finished your project?*
Kua kī au ki a koe, kia kaua e pēnā!	*I have told you before not to be like that / do that!*
Kua hoko pēke pukapuka hōu koe?	*Have you bought a new book bag?*
Kua kite ō mātua i ō mahi?	*Have your parents seen your work?*
Kua rongo tō Māmā i tō reo waiata?	*Has your mum heard your singing voice?*

Action Phrase (Past tense = I)

I whakahoki koe i ngā pene papamā ki te wāhi tika?	*Did you put the whiteboard pens back in the correct place?*
I whakairi koe i tō koti ki te iringa kākahu?	*Did you hang your jacket on the hook?*
I whakapai koe i tō papa mahi?	*Did you tidy up your desk?*
I mahi kai koe māu?	*Did you make your own food?*
I hoatu koe i te kāpia ki a Mere?	*Did you give the glue to Mere?*
I whakatika koe i ō hapa i tāu tuhinga?	*Did you correct the mistakes in your writing / essay?*

HE RERENGA KŌRERO ANŌ – MORE HANDY PHRASES

Ko wai te ika?	*Who's in? (When playing tag or hide and seek)*
Me ako koe ki te kauhoe kei rite koe ki a au, he karaka maoa	*Learn to swim or you will be like me, a person who can't swim!*
Ka tīkākā tō kiri i te ngau a Tamanuiterā	*You will get sunburnt*
E kore tō tūnga e mahu, ki te rite tonu tō rapirapi i te pāpaka	*Your wound won't heal if you keep scratching the scab*
Kei te pai, e kō, e mao ana ki ua, e ua ana ki mao	*Don't worry, my girl, sometimes things go well, sometimes they don't*
I kī atu au ki a koe kia mutu te pītaritari i a Hēmi engari i whakateka tonu koe, nē hā?	*I told you to stop provoking Hēmi but you continued to do it, didn't you?*
Meatia te whakakā	*Flick the switch*
Kākahu matatengi, mō te tūpono noa	*Warm clothes, just in case*

Kei a au te wā	*It's my turn*
Kei a koe te wā	*It's your turn*
Ko te tumanako kia oti i a koe i tēnei taha mai o tau tītoki	*Hopefully you'll get it done before Christmas!*
Ko koe i oraiti	*You survived by the skin of your teeth*
He pērā hoki ngā taitama, he manawa kai tūtae	*Boys are made that way, they take risks*
Ringihia mai he wai	*Pour out some water*
Hīreretia te wai o te heketua	*Flush the toilet*
He aha tō kata?	*Why are you laughing?*
Ka nui taku manawareka ki tō mahi	*I am so pleased with your work*
E rikarika ana au ki te haere	*I can't wait to go*
Kāore au e mau i a koe	*You can't catch me*
Kia peka tītoki!	*Harden up!*
E pōkaku ana te ngākau	*I have my doubts*
Ko mātou mātou, ko ngā manu korihi o te ata pūao!	*I am like the early bird that catches the worm!*
Kaua e unu taniwha, e tama!	*Don't bite off more than you can chew, boy!*
Kei te pai, e kō, he raru ki uta	*It's okay, girl, it's not a big deal*
Me mihi atu koe, kāti te whakaparanga!	*Say hello, stop being a snob!*
He tiotio ki tō korokoro te kai nēi?	*Don't you like the taste of this food?*
Kia tika te noho / Me matika	*Sit properly / Sit up*
Kei pakē mai tō reo ki a au	*Don't use that tone with me*
He aha te kaupapa o tēnei kōrero (paki)?	*What is this story about?*
He pēhea ō whakaaro ki tēnei pukapuka / paki / kōrero?	*What do you think of this story?*
He aha tēnei kupu?	*What does this word say?*

He aha te tikanga o tēnei kupu / kōrero?	*Do you know what this means?*
Tino pai tāu mahi	*You're doing really well*
He tika rānei tēnā?	*Is that the right answer?*
Me wānanga anō koe / Me whakaaro anō koe / me mahi anō koe	*Let's try that again*

REO PĀNGARAU – MATHS LANGUAGE

He aha ngā kupu mō te pāngarau e taea ai e koe ō tamariki te āwhina kia rite ai rātou ki a Isaac Newton mā?

What are some of the mathematical terms we need to know to help our kids to be like Isaac Newton and other great mathematicians?

Tuatahi, he aha ētahi kupu mō te 'equals'?
Firstly, what are some terms we can use for 'equals'?

    Ka puta . . .
    Ka whānau mai . . .
    Ka hua ko te . . .
    Ka . . .

Addition = Tāpiritanga / Tāpiri / Me

1. *What is the answer to 1 + 1 = ?*	He aha te hua o te tāpiri i te tahi me te tahi?
2. *3 + 7 = ?*	Toru tāpiri whitu, ka puta ko te . . .
3. *10 + 10 = ?*	Tekau tāpiri tekau ka . . .
4. *2 apples + 3 apples = ?*	Rua āporo me te toru āporo ka . . .
5. *1 finger + 3 fingers = ?*	Kotahi matimati me te toru matimati ka . . .

Minus = Tango / Tangohia

1. *What is 3 – 2 = ?*	Ki te tangohia te rua i te toru ka puta te . . .

2. *6 − 3 = ?*   Tangohia te toru i te ono ka . . .

3. *20 − 13 = ?*   Tangohia te tekau mā toru i te rua tekau ka . . .

4. *7 fish − 3 fish = ?*   Toru ika ka tangohia i te whitu ika ka . . .

5. *4 women − 2 women = ?* Tangohia te rua wāhine i te whā wāhine ka . . .

Multiply = Whakarea / Whakarau

1. *What is the answer to 1 × 1 = ?*   He aha te hua ka puta i te tahi whakarea tahi?

2. *3 × 7 = ?*   Toru whakarea whitu ka puta ko te . . .

3. *10 × 9 = ?*   Tekau whakarea iwa ka . . .

4. *2 bananas × 3 bananas = ?* Rua maika whakarea toru maika ka . . .

5. *2 cones × 3 cones = ?* Rua koeko whakarea toru koeko ka . . .

Divide = Whakawehe

1. *What is the result of 4 ÷ 2 = ?*   Ki te whakawehea te whā i te rua ka puta te . . .

2. *6 ÷ 3 = ?*   Whakawehea te ono i te toru ka . . .

3. *20 ÷ 10 = ?*   Whakawehea te rua tekau i te tekau ka . . .

4. *10 cows ÷ 5 cows = ?* Tekau kau whakawehe rima kau ka . . .

5. *4 men ÷ 4 men = ?*   Whā tāne whakawehe whā tāne ka . . .

NGĀ KĪWAHA − COLLOQUIALISMS AND SLANG

Hoea tō waka!   *Off you go! / You're on your own!*

Kia ahatia!   *So? / So what?!*

Kāti te patu taringa!	*Stop battering my ears!*
Kāti te horihori!	*Stop telling lies!*
Koia! Koia!	*That explains it!*

WHAKATAUKĪ – PROVERBS

Ko te manu e kai ana i te miro, nōna te ngahere, ko te manu e kai ana i te mātauranga, nōna te ao

The bird that partakes of the fruits of the forest, that will be their domain; for the bird that engages in education, opportunities are boundless

You can use this proverb to explain why education is important; because it opens up a world of opportunities!

Whāia te iti kahurangi, ki te tuohu koe me he maunga teitei

Seek that which is most precious, if you should bow let it be to a lofty mountain

This proverb is often quoted with respect to knowledge and the pursuit of it. In this context, the 'iti kahurangi' is knowledge, and the proverb encourages us to be brave, tenacious and steadfast in our desire to learn, and keep learning! The proverb is said to have originated from a Whakatōhea ancestor called Tauputaputa who pined for her loved one, Tawhito, who was lost at sea. Tauputaputa came across a shell on the beach that kept presenting to her as she walked, and by the third time she decided to pick up the shell. She put the shell to her ear and she heard a voice quote this well-known proverb.

Ko tōku reo tōku ohooho, ko tōku reo tōku mapihi maurea

My language is a treasure of immense value, my language is a prized ornament

This is a proverb closely associated with language revitalisation, a struggle that is very important in maintaining culture. It is attributed to the wonderful Sir Tīmoti Kāretu, a much-respected luminary of te reo Māori!

9. KO TE REO RERERANGI
REO FOR PLANES AND THE AIRPORT

KŌRERO WHAKATAKI
INTRODUCTION

I have been fortunate to have travelled quite extensively over the years for various reasons, both nationally and internationally. Generally, the languages of instruction and communication on the various airlines I have flown with has always been in the native language of that country – German on Lufthansa, Mandarin on Air China, Arabic on Emirates, and so on. I think it enhances the experience of travelling to those countries when you hear their languages being spoken; you know you are in a place that is different and has its own unique identity and history. I have often thought how great it would be to get on a plane to Aotearoa New Zealand and hear everything done in te reo Māori! I hope that day comes soon!

But for now, I am extremely proud of the efforts of our national airline, Air New Zealand or Araraurangi Aotearoa. I have done quite a bit of work with them and they have been fantastic in recent years in supporting, promoting and normalising te reo Māori. *Kia ora* has been installed as the greeting of choice, the online quiz has all its answers in te reo Māori as well as English, and a lot of Air New Zealand's dashboards and online entertainment systems feature te reo Māori, which I was fortunate to work on with the highly skilled translator Te Haumihiata Mason. Air New Zealand Araraurangi Aotearoa has made a formal commitment to recognise the importance of Māori culture as an essential part of New Zealand's identity. They have committed to further weave Māori culture and language into the fabric of their business, and in 2017 they collaborated with the Māori Language Commission Te Taura Whiri i te Reo Māori to develop a Māori-language identifier pin that can be worn by not only fluent te reo Māori speaking Air New Zealand staff, but all New Zealanders who wish to use te reo Māori on flights and in other everyday contexts and situations. Araraurangi Aotearoa recognises they are in a unique position to embrace and share Māori culture and language with New Zealanders and overseas visitors. They have 150 Māori Ambassadors across the organisation who provide support and encouragement to share and promote Māori culture and language across the airline. New cabin crew intakes, along with their family, celebrate their training graduation ceremony at Te Mānukanuka o Hoturoa marae in Auckland.

People working for Air New Zealand, all other locally based airlines, and airport staff in general are in contact with many people each day. I encourage you all to follow Air New Zealand's lead, and give te reo Māori a go!

SIGNAGE FOR PLANES AND AIRPORTS

Māori	English
Kia haumaru – He wāhi mōrearea te ara rererangi	Be safe – The tarmac is a dangerous place
Ko te hunga haere anake ki tua nei	Passengers only past this point
Rerenga mai	Arriving flights
Rerenga atu	Departing flights
Wāhi tueke	Baggage area
Wāhi whakataka tueke	Baggage check-in
Wāhi kohi tueke	Baggage claim

Whakaaturia, porowhiua rānei	*Declare or dispose*
Waka mino / Waka rēhi	*Rental cars*
Rūma pūkoni	*Club lounge*
Rūma Koru	*Koru Lounge*
Rūma hui	*Conference room*
Wharepaku	*Toilets*

KUPU WHAI TAKE – HANDY WORDS AND TERMINOLOGY

Nau mai	*Welcome*
Piki mai rā	*Welcome on board*
Waka rererangi	*Plane*
Taunga waka rererangi	*Airport*
Mana tauārai	*Customs*
Kiriata whakahaumaru	*Safety video*
Ararewa	*Lift*
Papa	*Floor*
Papa tuatahi	*1st floor*
Papa tuarua	*2nd floor*
Rūma	*Room*
Arapiki	*Stairs*
Inu	*Drink*
Kai	*Food*
Koha / Kore utu	*Complimentary*
Whakakoungatanga	*Upgrade*
Waka rēhi	*Rental car*
Pahi tāpoi	*Tour bus*
Tueke	*Suitcase / Luggage*
Puka uruwhenua	*Passport*
Taupānga	*App*
Rerenga	*Flight*
Tō rerenga	*Your flight*
Kāri tomo	*Arrival card*
Hauora rerenga	*Inflight wellbeing*
Mahere haerenga	*Itinerary*

Mahere haerenga hōu	*New itinerary*
Mahere haerenga tuatahi	*Original itinerary*
Taipitopito rerenga	*Flight details*
Tāpuitanga tohutoro	*Booking reference*
Whakauru tohutoro	*Enter reference*
Kōwhiringa whakaturuma	*Ways to check-in*
Hōtaka anō	*More programmes*
Hōtaka o mua	*Previous programmes*
Hātepe tūwhai	*Next steps*
Whakaturuma ā-rōpū	*Group check-in*
Wā wehe	*Departs*
Wāhi haere / Taunga	*Destination*
Wā tatū	*Arrives / Lands*
Roa	*Duration*
Panoni rerenga (nama) ki (nama)	*Change flight (number) to (number)*
Rerenga tōmua	*Earlier flights*
Rerenga tōmuri	*Later flights*
Kua tārewa	*Delayed*
Wā tika	*On time*
Heitara whakaeke (wā)	*Estimated boarding (time)*
Haere tonu	*Continue*
Whakakorehia	*Cancel*
Whakamanatia	*Confirm*
Panonitia	*Change*
Kua ea te utu	*Payment successful*
Pāhihi	*Passenger*
Pāhihi kopou	*Selected passenger*
Tūru	*Seat*
Tūru wātea	*Available seat*
Hei aha tēnei	*Skip this*
Tūru rāhui	*Unavailable seat*
Whakaoti whakaturumatanga	*Finish check-in*
Whakamana tūru	*Confirm seating*

Hātepe mutunga, tīrohia anō ō tūru	*Last step, review your seats*
Rerenga i kō tata	*Previous flight*
Tirohia, panonitia rānei ō tūru	*View or change seats*
Rerenga ā kō tata	*Next flight*
Ō pirorere	*Your airpoints*
Tuku tono	*Place order*
Aromātai tono	*Review order*
Tāpirihia ki te tono	*Add to order*
Tō tono	*Your order*
Katoa	*All*
Paramanawa	*Snacks*
Inu wera	*Hot drinks*
Inu mātao	*Cold drinks*
Rauemi whakatāupe	*Amenities*
Ruarua e toe ana	*Low stock*
Kua pau	*Sold out*
Tirohia	*View*
Ka tau ā te . . .	*Landing in . . .*
Kiriata & hōtaka	*Movies & TV*
Whakarongo	*Listen*
Tākaro	*Games*
Kai & inu	*Food & drink*
Tō waka rererangi	*Airshow*
Kōrerorero ā-tūru	*Seat chat*
Tautuhinga	*Settings*
Kei tēnei waka te ipurangi	*Internet access is available on this aircraft*

RERENGA WHAI TAKE – HANDY PHRASES
Belonging to (*Ko / Nā / Nō*)

Ko ngā pāhihi kei tō rōpū	*Passengers in your group*
Ko tō tīkiti tēnei	*This is your boarding pass*

Ko taku mahere haerenga tēnei	*This is my itinerary*
Ko te whitu karaka i te pō te wā tatū	*The arrival time is 7pm*
Ko te ono karaka i te ata te wā o tō rerenga	*Your flight is at 6am*
Ko te toru karaka i te ahiahi te wā wehe	*Departure time is 3pm*
Nāu tēnei kāri tomo?	*Does this arrival card belong to you?*
Nāku tēnā puka uruwhenua	*That is my passport*
Nōku kē tēnā tūru e noho nā koe	*That seat you are in is actually mine*
Nōu te turu 15E, e tā	*Your seat is 15E, sir*
Nāu tēnei pāhi, e te kahurangi?	*Is this your handbag, madam?*

Description (*He*)

He iti rawa ō pirorere	*You have insufficient airpoints*
He iti rawa ō pirorere e tutuki ai tēnei hokotanga	*You do not have enough airpoints to complete this transaction*
He taumaha rawa tō pēke	*Your bag is too heavy*
He pai te kounga o tēnei waka rererangi!	*This plane is high quality!*
He ātaahua ngā kākahu o ngā kaimahi	*The staff have beautiful uniforms*
He maha ngā āhuatanga rawe o tēnei umanga waka rererangi	*This airline offers many wonderful services*
He koretake tēnei kiriata whakahaumaru	*This safety video is terrible*
He maha ngā kiriata kei tēnei waka rererangi	*There are heaps of movies on this plane*

He pai tō tūru, e tā?	*Is your seat to your satisfaction, sir?*
He hāneanea te tūru?	*Is the seat comfortable?*
He pai te māhoi atu i tō tūru ki ngā maunga	*The view of the mountains from your seat is beautiful*
He pai te māhoi atu i tō tūru ki te moana	*The view of the sea from your seat is beautiful*
He pai te māhoi atu i tō tūru ki Te Whanganui-a-Tara	*The view of Wellington from your seat is beautiful*

Location (*Kei hea? / I / Kei konei?*)

Kei hea te tomokanga rua tekau mā toru?	*Where is Gate 23?*
Kei hea te Koru?	*Where is the Koru Lounge?*
I roto koe i te Koru?	*Were you in the Koru Lounge?*
Kei hea te kāri tomo hei whakakī māku?	*Where is the arrival card for me to fill out?*
Kei hea te kāri wehe hei whakakī māku?	*Where is the departure card for me to fill out?*
Kei a koe tō tīkiti whakaeke, e te kahurangi?	*Do you have your boarding pass, madam?*
Kei hea te wāhi whakaturuma?	*Where is the check-in?*
Kei te taha matau o te kūaha matua	*It is located on the right-hand side of the main door*
Kei hea ngā wharekai? Arā!	*Where's the food court? Over there!*
Kei hea te pae inu?	*Where is the bar?*
Kei hea te kawhe me ngā paramanawa?	*Where is the coffee and snacks?*
Kei roto i ngā whata tuanui nei ō pēke	*Your bags are in these overhead lockers*
Kei raro i tō tūru tō pēke rorohiko	*Your computer bag is under your seat*
He wharepaku kei konei?	*Are there toilets here?*

He pūrere tango moni kei konei?	*Is there a money machine here?*
He kaiāwhina kei konei?	*Is there an assistant here?*
He wāhi mō ngā tueke nui rawa kei konei?	*Is there an oversize luggage drop here?*

Command (Should = *Me*)

Me totoa tō whakapā atu ki tētahi kaimahi Araraurangi Aotearoa ki te kaiwhakarite rānei i tō haerenga	*Contact an Air New Zealand representative or your booking agent immediately*
Me tiro anō koe i tō nama, me whakapā atu rānei ki tētahi kaimahi Araraurangi Aotearoa kia āwhinatia koe	*Please double check your number or contact an Air New Zealand representative for assistance*
Me tono kaimahi Araraurangi Aotearoa kia āwhinatia koe	*Please ask an Air New Zealand representative for assistance*
Me āta tuku i tō tīkiti ki te matawai	*Carefully place your ticket on the scanner*
Me tino papatahi	*Make sure it is flat*
Me aha, mēnā ka hē ngā taipitopito rerenga	*What to do if your new flight details are not suitable*
Me haere ki te taupaepae utu ai	*Go to the counter to pay*
Me haere ki te wāhi whakataka pēke	*Go to the bag drop*
Me hari ō tīkiti whakaeke	*Take your boarding passes*
Me pēhea tō utu?	*How would you like to pay?*
Me whakarerekē / whakakore au i taku tīkiti	*I want to change / cancel my ticket*
Me whakamahi pirorere hei utu i ō hokotanga	*Use airpoints to pay for your purchases*

Me kuhu mai kia whakamahi pirorere	*Sign in to use airpoints*
Me utu ki ngā pirorere	*Pay by airpoints*
Me puta i tō tahua pirorere, mēna ka neke tūru koe	*Sign out of your airpoints account if you move seats*
Me pāwhiri ki hea kia kā anō ai	*Tap anywhere to turn it back on*
Me pā kia kā	*Touch to wake screen*
Me tīmata ki tō rā whānau	*Sign in with your date of birth*
Me kawe au i ō tueke? Ka taea rānei e koe ō tueke te kawe?	*Should I carry your luggage? Or are you able to carry them yourself?*
Me piki mā te arapiki, kei te raru te ararewa!	*Take the stairs, the lift is broken!*
Me utu koe ināianei, kia tāpuitia ai tō tūru	*You need to pay now to secure your seat booking*
Me utu i tētahi wāhanga o te utu ināianei	*You need to pay a deposit now*
Me pēnei te whakahaere i tēnei taputapu	*This is how you use this thing*

Command (Don't = *Kaua*)

Kaua e whakapōrearea mai	*Please do not disturb*
Kaua e whakamana tūru ināianei, me tatari kia whakarite au i tōku	*Don't confirm your seat now, wait till I sort out mine*
Kaua e whakaoho i a au mō te kai	*Please don't wake me for a meal*
Kaua e tuku i tō tūru kia tītaha muri mai!	*Don't put your seat back!*
Kaua e hoihoi!	*Stop being so noisy!*
Kaua e oma!	*Don't run!*
Kaua e tū, kei te kori tonu te waka!	*Don't stand up, the plane is still moving!*
Kaua e ngaro i a koe to puka uruwhenua!	*Don't lose your passport!*

Command (Do = *Kia* and using passives to give command; *-ngia, -ria, -tia, -hia, -a*, etc.)

Kia tūpato kei taka koe!	*Be careful, in case you fall off!*
Kia kaha te pupuri i te rōau!	*Hold on tight to the railing!*
Kia āta haere, kei paheke	*Go slowly, so you don't slip*
Kia tere, kei te pau haere ngā tīkiti!	*Hurry up, the tickets are running out!*
Kia tere kei noho koe ki wāhi kē i a au	*Hurry up or you will be sitting away from me*
Mere Tātere kia tere koe, kua rite tō waka ki te wehe	*Mere Tātere, be quick, your plane is ready to depart*
Whakamōhiotia atu ngā kaimahi, ina pīrangi āwhina koe	*Please let the crew know if you need any help*
Tukua iho te whārangi whakaahua ki te matawai	*Put the photo page face down on the scanner*
Tukua tō taupānga whakaeke, ī-Tīkiti rānei ki te matawai tautohu ki raro nei	*Place your app boarding pass or eTicket face up under the barcode scanner below*
Puritia kia tau	*Hold it still*
Whakaurua tō tau pirorere, kāri taurewa rānei ki te matawai kāri ki raro nei	*Please insert your airpoints or credit card into the card reader below*
Tukua iho te mata o tō uruwhenua ki te matawai ki raro nei	*Place your passport face down on the scanner*
Matawaitia tō uruwhenua kia tīmata ai	*Scan your passport to begin*
Whakamahia te matawai kāri ki raro nei	*Use the card reader below*
Tīpakohia te hōtaka tangata rere auau mō (ingoa)	*Select the Frequent Flyer program for (name)*
Whakaotia tō whakaturumatanga ki konei	*Complete your check-in here*

Haria tō tīkiti whakaeke me ō pēke ki te taupaepae kia utu ai koe i ō pēke tāpiri	*Take your boarding pass and baggage to the counter to complete your payment for an excess baggage charge*
Kapohia ō tārepa ingoa, herea ki ō pēke ka utaina ai ki te waka	*Take your bag tags and attach them to your check-in baggage*
Tangohia ō tīkiti whakaeke i te waha ki raro nei, me whai i ēnei kia pai ai tō tuku pēke	*Take your boarding passes from the slot below, you will need these at the bag drop*
Whakamanatia ko wai koe kia pai ai tā mātou arahi i a koe, kia whai wāhi ai hoki ki ō tāra Pirorere	*Confirm who you are for a more personalised experience and access to your Airpoints Dollars*
Tāpirihia ngā nama kairere auau	*Add Frequent Flyer numbers*
Tirohia ō taipitopito pāhihi	*Please check your passenger details*
Tirohia, panonitia tō tūru	*Check or change seat allocation*
Tēnā koa, āta tirohia tō tāpuitanga tohutoro	*Please check your booking reference*
Haria ō tīkiti whakaeke, rukea ngā tīkiti o mua	*Take your boarding passes, discard any old ones*
Haria tō tīkiti whakaeke, rukea ngā tīkiti o mua	*Take your boarding pass, discard any old ones*
Whakamātauhia he kāri anō	*Try another card*
Matawaitia te uruwhenua o te pāhihi tūwhai	*Scan the next passenger's passport*
Miria kia tīmata	*Swipe to begin*

Action Phrase (Future tense = *Ka / Ki te . . . ka . . .*)

Ka whai tīkiti whakaeke koe me tētahi puka āwhina	*You will receive a boarding pass and an assistance coupon*
Kāore e taea tēnei ratonga i te wā o te aupikitanga	*The service is currently unavailable during take-off*
Ka kati te paramanawa mō tēnei wā, he oreore rawa nō te waka	*The refreshments are on hold for now because there is too much turbulence*
Ka wātea ana anō ka whakamōhiotia koe	*As soon as it becomes available we will let you know*
Ka timata te whakaeke ā te rima meneti	*Boarding begins in 5 minutes*
Ki te pirangi āwhina koe, whakapā atu ki tētahi kaimahi Araraurangi	*If you require assistance, please contact an Air New Zealand representative*

Action Phrase (Present tense = *Kei te . . .*)

Kei te tika tēnei mahere haerenga	*This is a suitable itinerary*
Kāore e tika ana tēnei mahere haerenga	*This itinerary is not suitable*
Kei te rangirua rānei ō whakaaro mō ngā taputapu ka tāpaetia?	*Are you unsure about items you're checking in?*
Kei te whakarite mō te whakatau iho	*We are preparing the aircraft for landing*
Kei te utaina ngā tueke ki te waka tēnei rūma	*The bags are being loaded on the plane*
Kei te wehe atu a rerenga rima-kore-toru ki Tāmaki ā te rima meneti, mēnā mōu tēnei waka, kia tere, kei mahue koe	*Flight 5-0-3 is leaving for Auckland in 5 minutes, if this is your flight, please hurry or you will be left behind*
Kei te kimi koe i te aha, e tā?	*What are you looking for, sir?*
Kei te wātea tēnei tūru?	*Is this seat free?*

Kei te pai kia haere ki te wharepaku?	*Is it okay to go to the restroom?*

Action Phrase (Have / Has = *Kua*)

Kua mutu tēnei ratonga	*This service is no longer available*
Kua tae koe ki Ōtautahi?	*Have you been to Christchurch?*
Kua tae koe ki Ōtepoti?	*Have you been to Dunedin?*
Kua kī koe kāore koe e mōhio ana he aha kei roto i ō pēke	*You have indicated that you do not know the contents of your luggage*
Kua matawaitia ngā uruwhenua katoa	*All passports have been scanned*
Kua angitu tō tono	*Order successful*
Kua mana tō tono, ā, ka tae ki tō tūru ā kō ake nei	*Your order has been placed and will be delivered to your seat soon*
Kua ūkuia ngā mea katoa i te tono	*You have removed all items from your order*
Kua wātea	*Clear*
Kua hē te rā whānau i patoa mai	*Incorrect date of birth entered*
Kua wātea ngā tūru o muri	*The seats at the back are available*
Kua rite tō waka	*Your plane is ready*
Kua noho koe i ngā tūru whai putanga i mua?	*Have you been seated in the exit row before?*
Kua pānui koe i ngā whakamārama mō te noho ki ngā tūru whai putanga?	*Have you read the instructions about sitting in the exit row?*
Kua mārama?	*Do you understand?*
Kua rite tō rōpū ki te wehe atu!	*Your tour group is ready to depart!*
Kua tau nei tātou ki Tāmaki Makaurau	*We have landed in Auckland*

Action Phrase (Past tense = I)

I mate mātou ki te panoni i tō rerenga i te rā nei	*We had to change your flight today*
I pēhea ngā mahi o te rā nei, e te kahurangi?	*How were today's activities, madam?*
I raru te waka nō reira kua tārewa	*There were problems with the plane so it's been delayed*
I whakakotitihia mātou ki Tauranga	*We were diverted to Tauranga*
I kino te pupihi a te hau, i tata ruaki au!	*The wind was terrible, I just about threw up!*
I tono koe i te aha?	*What did you order?*
I tino pai ngā kaimahi	*The staff were great*
I whiua ngā rāpihi ki te ipu para?	*Did you throw the rubbish in the bin?*
I whakarongo koe ki ngā tohutohu?	*Did you listen to the instructions?*
I tango koe i ō kaweoro?	*Did you take your headphones off?*

NGĀ KŌRERO KĪWAHA – COLLOQUIALISMS AND SLANG

Anā e pūkana mai nā	*It's right under your nose*
Kāore e kore	*Without a doubt*
Kāti i konei!	*This ends here!*
Ka kino kē koe!	*You're too much!*
Te tū mai hoki o te ihu!	*What a snob!*

ĒTAHI ATU RERENGA WHAI TAKE – OTHER HANDY PHRASES

Kia ora	*Hello (to one person)*
Tēnā koe	*Hello (to one person)*
Kei te pēhea koe?	*How are you? (to one person)*
Nō hea koe	*Where are you from? (to one person)*
He aha taku āwhina i a koe?	*What can I help you with?*

He aha tāku māu?	*What can I do for you?*
He aha māu?	*What would you like?*
Tāpae ki rerenga hōu	*Check in to new flight*
Aroha mai, e hē ana te tau i patoa mai	*Sorry, the number entered is incorrect*
Kōwhiringa utu anō	*Other payment options*
(Nama) pēke tāpiri	*(Number) excess bag(s)*
(Nama) pēke kei rō utu rere	*(Number) bags included in fare*
He utu tāu hei whakaea mō ngā pēke tāpiri ki tēnei / ēnei rerenga	*You have excess baggage charges to pay for this / these flights*
Kōwhiri pāhihi kia tāpaetia mai	*Select passengers to check in*
Kia ora! Kua rite kia tāpae mai koe	*Hi! Your flight is open for check-in*
Kia ora! Kua tāpaetia koe ki tō rerenga	*Hi! You are already checked in for your flight*
E hia ō pēke / taputapu hei uta ki te waka	*How many bags / items do you want to check in?*
Mā tēnei tīkiti āu, ka taea e koe te panoni wā rere i taua rā tonu	*Your ticket allows a change to flights leaving on the same day*
Kia aroha mai, kei te hē tēnei tāpuitanga tohutoro	*Sorry, this booking reference is incorrect*
Me whakamātau anō	*Try again*
Hoki atu	*Go back*
Wā rere e toe ana	*Time to destination*
Kāore te utu ki tēnei kāri e whaimana ana	*Payment with this card has not been authorised*
He kōhungahunga kei tō taha i te rā nei?	*Are you travelling with an infant today?*
Rangirua ana? Tono āwhina	*Unsure? Get assistance*
Kia māmā mai, he mea i tō tono kua pau kē	*Sorry, an item in your order is sold out*

Mā ngā kaimahi e āwhina	*Our crew can lend a hand*
Māku koe e āwhina?	*Do you need some help? / Can I help you?*
He utu tāpiri mō tērā?	*Is there an additional cost for that?*
Kia rua tūru mōku i te waka rererangi ki . . .	*I would like two seats on the plane to . . .*
Āhea whakaturuma ai?	*What time is check-in?*
Āhea rere ai?	*What time does it depart?*
Āhea tau ai?	*What time does it land?*
Kei hea te tomokanga mō te waka rererangi ki . . .?	*Where is the gate for the plane to . . .?*
He aha te nama o te waka rererangi?	*What is the flight number?*
He waka rererangi auahi kore tēnei	*This is a smokefree flight*
He inu māku?	*Can I have a drink?*
He heihei māku	*I'll have the chicken*
He mīti kau māku	*I'll have the beef*
Kāore au i te hiakai	*I am not hungry*
He aupuru anō mōku, koa?	*Can I have another pillow, please?*
Tēnā, he paraikete anō mōna?	*Can he / she have another blanket, please?*
Kei te mihi ki a koe, e tā	*Thank you very much, sir*
Ngā mihi ki a koe, e te kahurangi	*Thank you very much, madam*
Kia pai te rere	*Have a good flight*
Kia pai te moe	*Have a good sleep*
Kia pai te haere	*Safe journey*
Kia pai te hoki	*Safe return (home)*
Ata mārie	*Good morning*
Pōmārie	*Goodnight*
Hei te wā	*We hope to see you soon*

WHAKATAUKĪ – PROVERBS

In this section we explore some relevant proverbs regarding the topic in this chapter.

Mā whero, mā pango ka oti ai te mahi

With red and black the work will be complete

This refers to cooperation where, if everyone does their part, the task will be accomplished. Some say the colours mentioned – the red and the black – refer to the traditional kōwhaiwhai patterns in meeting houses.

He waka eke noa

A canoe which we are all in with no exception

We are all on this plane together. You could perhaps use this to greet passengers on to the plane: 'Nau mai ki tēnei waka eke noa' (Welcome to this plane that carries people of all types).

Kia mau ki te tokanga nui ā-noho

There is no place like home

Another appropriate proverb to use for those who are returning home after being away for a long time.

10. KO NGĀ TOHU REORUA
BILINGUAL SIGNAGE IN THE WORKPLACE

Some of these sign names have been drawn from Te Taura Whiri and Te Puni Kōkiri. Further suggestions for bilingual signage can be found on their websites.

Having a Māori language strategy in your workplace and enacting the facets of that strategy can have positive results for your organisation. It can help build staff loyalty, pride and morale. A quick win that is easily achievable is to erect bilingual signage: it almost immediately increases staff and customer understanding of te reo Māori. It also gives them the chance to use te reo Māori terminology and is an outward-facing demonstration of your workplace's positive attitude to the language. It can increase your staff's ability to work with Māori customers.

By using Māori–English bilingual signage in the workplace we demonstrate that te reo Māori is valued and recognised as being a taonga or treasure of this country. Te reo Māori sets us apart from the rest of the world and if we take the challenge of erecting bilingual signage in the workplace environment, we set an example for the wider community and business sectors to follow suit and 'get with the programme'! Erecting bilingual signs is something all organisations can do to promote the normalisation and revitalisation of our unique indigenous language. And don't forget, my challenge to you is not only to have bilingual signs but, eventually, when the staff get used to what they mean, take the English language away and just have te reo Māori signs up! Now that's progress!

So what can we turn into bilingual signage? Health and safety signs or information signs are a good start. And it can be extended to include things like websites, business cards, pamphlets and advertising. Make sure you plan the design of your signs in the workplace so they are effective and specific to your core business functions, and place them in areas where they are visible, such as reception areas. Remember to consult with a te reo Māori expert when you are getting your signs translated. Te Taura Whiri (the Māori Language Commission) and Te Puni Kōkiri (the Ministry of Māori Development) can help, along with your local Māori hapū and iwi.

Make sure *tohutō* or macrons (those little lines above some vowels) are present and correct on your signs. The placement of tohutō can change the meaning of words, e.g., *ara* can mean *hallway* or *pathway*, while *arā* means *over there*. Make sure you have the font of the Māori language at least the same size as the English. Don't squash it down, put it in italics, or make it smaller than the English. Be consistent with the font and even the colour of your signage.

Now, the big issue will be the cost. A lot of the cost could be offset in the future by increased customer relations and strengthening community connections, especially through consultation with local Māori hapū over this type of project. Social media posts and promotion on all media platforms about your new bilingual signage could help increase the profile of your business within the community, creating more customers and cashflow. If you are planning a renovation, a rebuild or a relocation in the near future, then that could provide an ideal opportunity to erect bilingual signage. The cost of signage and planning can then be factored into the proposed renovation, rebuild or relocation, especially if you are moving into a shared space with other businesses – share the cost!

Here are some suggestions for general bilingual signage. More specific signage is included in the chapters specific to particular workplaces.

TOHU WHĀNUI
GENERAL SIGNAGE

Kaua e roa ake i te 10 meneti	*10 minutes maximum*
Kaua e roa ake i te 15 meneti	*15 minutes maximum*
He tā whakaahua 24 hāora kei konei	*24-hour camera surveillance in operation*
Tūnga waka whaikaha	*Accessible carpark*
Wharepaku whaikaha	*Accessible restroom*
Kawenga mai i waho hāora mahi	*After-hours deliveries*
Rohe waipiro kore	*Alcohol-free area*
Wāhi hui	*Assembly point*
Puna pūtea	*Automatic teller machine (ATM)*
E wātea ana mō ngā hui motuhake	*Available for private functions*
Rūma tīni kope	*Baby change room*
Pae inu	*Bar*
Whare kuti makawe	*Barber shop*
Whare whakarākei	*Beauty salon*
Kia tūpato ki te kurī	*Beware of the dog*
Tūnga pahikara	*Bike stand*
Pūmate koiora	*Biological hazard*
Rūma poari	*Boardroom*
Ngā pukapuka me ngā moheni	*Books and magazines*
Mauri ora / Kia pai te kai	*Bon appétit*

Pahi	*Buses*
Tūnga pahi	*Bus stop*
Wharekai	*Cafeteria*
Whare kawhe / Kāmuri	*Café*
Tūnga waka	*Carpark*
He tūranga tāmutumutu e wātea ana	*Casual positions available*
Kia tūpato	*Caution*
Kia tūpato – papa mākū	*Caution – wet floor*
Kia tūpato ki te arawhata	*Caution – please mind the step*
Kia tūpato kei tuki tō māhunga	*Caution – don't bump your head*
Kia tūpato – ka mākū ana, ka mania	*Caution – slippery when wet*
Rūma tīni kākahu	*Change room*
Wāhi utu / Pae utu	*Checkout*
Tāhūhū rangapū	*Chief executive*
Utauta mā	*Clean cutlery*
Kōata mā / Ipu / Kapu mā	*Clean glasses*
Pereti mā	*Clean plates*
Māu anō i whakapai i muri i a koe	*Clean up after yourself*
Kua kati	*Closed*
Āta katia te kūaha	*Close door gently*
Inu mātao	*Cold drinks*
Kōrere wai mātao	*Cold water tap*
Rūma wānanga	*Conference room*
Taupokihia ō kai (i te ngaruiti)	*Cover your food (in the microwave)*
Kaikawe utanga	*Couriers*
Tūnga kaihoko anake. Ka tōia ētahi atu	*Customer parking only. All others towed*
Utauta kai	*Cutlery*
Mōrearea	*Danger*
Mōrearea – rohe pūngao hiko	*Danger – high-voltage area*

Pūrere manawataki	*Defibrillator*
Ara hunga hauā	*Disabled access*
Tūnga waka hauā	*Disabled carpark*
Wharepaku hauā	*Disabled restroom*
Kei te whakaaetia te kurī	*Dogs allowed*
Me here ō kurī	*Dogs must be on a leash*
Kaua e tuku para ki konei	*Don't dump rubbish here*
Kaua e taupare i tēnei ara	*Do not block drive*
Me horoi i ō taputapu kai	*Do your own dishes*
Puna wai	*Drinking fountain / watercooler*
Papa tuangahuru mā tahi (mā rua, mā toru etc.)	*Eleventh floor (Twelfth, Thirteenth, etc.)*
Putanga whawhati tata	*Emergency exit*
Tomokanga	*Entrance*
Kuhunga	*Entry*
Ara maiangi	*Escalator*
Rerenga whakaora / Ara rerenga	*Escape route*
Putanga	*Exit*
Putanga ki . . .	*Exit to . . .*
Putanga ahi – Kaua e tauparea	*Fire door – Do not block*
Kōrere weto ahi	*Fire hose*
Rerenga ahi	*Fire escape*
Wāhi hui ahi pūkauri	*Fire evacuation assembly point*
Putanga ahi	*Fire exit*
Poko ahi	*Fire extinguisher*
Pātūahi	*Firewall*
Kete whawhati tata / Kete whakaora	*First aid kit*
Papa tuatahi (tuarua, tuatoru etc.)	*First floor (Second, Third etc.)*
Pūkākā	*Flammable*
Rūma wātea	*Free room*

E tuku	Give way
Me mātua mau komo ringa	Gloves must be worn
Papa whenua	Ground floor
Pūmate	Hazard
Me mātua mau pōtae mārō	Head protection must be worn
Pae āwhina	Helpdesk
Puritia te rōau	Hold on to handrail
Wera	Hot
Kōrere wai wera	Hot water tap
Mā te tangata mutunga ngā rama e whakaweto	If you are the last to leave, please turn off the lights
Utanga waka	Loading zone
Whata taputapu	Lockers
Paekura	Lost and found
Ka mahia tāu e tono ai	Made to order (food)
Rūma whakarākei	Makeup room
Tumu whakahaere	Manager
Pūtahitanga	Meeting point
Rūma hui	Meeting room
Wharepaku tāne	Men's restroom
Kia tūpato ki te arapiki	Mind the step
Ara nekeneke	Moving walkway
Kaua e ruku	No diving
Wāhi kurī kore	No dogs allowed
Kaua e inu	No drinking
Karekau he pūroi i konei	No drugs held on premises
Kuhunga kore	No entry
Ūnga kore	No parking
Kaua e oma	No running
Tupeka kore	No smoking
Kaua e kanga	No swearing
Karekau he tupeka, he hikareti rānei i konei	No tobacco or cigarettes held on premises
Kua riro	No vacancy
Tuwhera	Open

Hāora tuwhera	*Opening hours*
Hāora tuwhera 8 i te ata ki te 8 i te pō	*Opening hours, 8am to 8pm*
Ka roa e tuwhera ana	*Open late*
Kua tuwhera mō te kai o te rānui / o te ata / o te pō	*Open for lunch / breakfast / dinner*
E tuwhera ana i ngā rā e 7, 8 i te ata – 5 i te ahiahi	*Open 7 days 8am – 5pm*
Ka tuwhera anō ā te Rāhina, 7 i te ata	*Open again on Monday 7am*
Rūma Mātua	*Parents room*
He tūranga harangotengote e wātea ana	*Part-time positions available*
Ki konei utu ai	*Pay here*
Pae utu	*Pay station*
Pereti kai	*Plates*
Whakatangihia te pere kia āwhinatia ai koe	*Please ring the bell for assistance*
Haere mā tērā atu kūaha kuhu mai ai	*Please use the other door*
Taihoa koe ka arahina ki tō tēpu	*Please wait to be seated*
He tūranga e wātea ana. Uia mai ki konei	*Positions available. Enquire here.*
Kei te whakaaetia ngā waka pēpi	*Prams allowed*
Taihoa ka tū	*Prepare to stop*
Tūmataiti	*Private*
Hui tūmataiti	*Private function*
Kia āta haere	*Proceed with caution*
Kūmea	*Pull*
Peia	*Push*
Whakarārangi ki konei	*Queue here*
Rōnaki	*Ramp*
Taupaepae	*Reception*

Kiripaepae	*Receptionist*
Hangarua	*Recycling*
Tūnga tāpui	*Reserved park*
Wāhi rāhui	*Restricted area*
Maioro huarahi	*Roadworks*
Para	*Rubbish*
Ipupara	*Rubbish bin*
Tūnga Kutarere	*Scooter park*
Tautiaki	*Security*
Rohe tautiaki	*Security area*
Kia āta haere	*Slow*
Uwhiuwhi	*Shower*
Rūma haumanu	*Sick bay*
Kūaha nekeneke	*Sliding door*
Papa mania	*Slippery surface*
Kaimahi anake	*Staff only*
Arawhata	*Stairway*
Pātengi	*Storeroom*
Haria tētahi	*Take one*
Tūnga tēkehi	*Taxi park*
Kaiarahi matua	*Team leader*
Te kaimahi o te marama	*Team member of the month*
Waea	*Telephone*
Haere mā konei	*This way please*
Ipu koha	*Tip jar*
Rohe tō waka	*Tow-away zone*
Whakawetoa ngā kawe reo	*Turn off mobile phones*
Whakamau komo ringa mō te whakarite kai	*Use gloves when handling food*
Whakamahia te ipupuru taiawa	*Use sanitary bins*
Kua wātea	*Vacancy*
Kai kaimanga	*Vegetarian meals*
Kai kaiota	*Vegan meals*
He kai mā te kaimanga kei konei	*We have vegetarian meals*

He kai mā te kaiota kei konei	*We have vegan meals*
Tāpae waka	*Vehicle check-in*
Pukapuka manuhiri	*Visitors book*
Manuhiri mā, me mātua tae ki te taupaepae	*Visitors please report to reception*
Rūma tatari	*Waiting room*
Haere mai ki ... / Nau mai ki ...	*Welcome to ...*
Peita mākū	*Wet paint*
Wāpū / Wahapū	*Wharf*
Ka herea o porotiti	*Wheel clamps in use*
Rohe ahokore	*Wifi area*
Wharepaku wāhine	*Women's restroom*
Me 18 ō tau kia hoko tupeka	*You must be 18 or over to purchase cigarettes*

11. NGĀ RĀ O TE WIKI
DAYS OF THE WEEK

To begin this section, we are going to take a look at the days of the week and the months of the year in te reo Māori.

Anei ngā rā o te wiki:			Here are the days of the week:	
Rāhina	*Monday*	OR	Mane	*Monday*
Rātū	*Tuesday*	OR	Tūrei	*Tuesday*
Rāapa	*Wednesday*	OR	Wenerei	*Wednesday*
Rāpare	*Thursday*	OR	Tāite	*Thursday*
Rāmere	*Friday*	OR	Paraire	*Friday*
Rāhoroi	*Saturday*			
Rātapu	*Sunday*			

The days of the week on the left are based on Māori lunar phases and celestial knowledge of our ancestors. The ones on the right are *kupu arotau* or borrowed words from English (transliterations). *Rā* is the word for day, so:

Rāhina acknowledges the importance of the moon and uses a shortened version of an ancient name for the moon, *Māhina*. The more common name for the moon that you may hear in everyday conversations is *marama*.

Me tūtaki tāua ā te Rāhina –
Let's (you and I) meet on Monday

Rātū acknowledges the planet Mars or *Tūmatauenga*. Another name for Mars is Matawhero. Tūmatauenga is also the Māori god of war, and like many other indigenous cultures around the world, its red appearance was sometimes interpreted as a representation of anger and conflict.

Ka tū te hui ā te Rātū –
The meeting will be held on Tuesday

Rāapa acknowledges the planet Mercury or *Apārangi*. One explanation for this name is that it connects to Hine-te-Apārangi, the wife of Kupe, who was an early explorer and, in some tribal histories, the first to navigate to and around Aotearoa New Zealand. Kupe's wife Hine-te Apārangi was with him and was the first to sight the cloud formations above this land, exclaiming from their voyaging waka, 'He ao, he ao, he ao-tea-roa!' This translates to, 'A cloud, a cloud, a long-white-cloud!' Sometimes the planet is called Whiro which leads us to a totally different version of what this planet represents: Whiro is a deity of darkness and destruction.

Kāore ia i tae mai ki te mahi i te Rāapa –
He / She didn't come to work on Wednesday

Rāpare honours another female planet, Jupiter or *Pareārau*. At times, Pareārau (Pare of a hundred lovers) sometimes sits very close to the planet Venus in the night sky. However, there are other nights where it appears Pareārau has 'wandered away' from her husband, Venus, to see what else is out there! The planet Jupiter is also known as Hinetīweka in some tribal areas, or ·'wayward Hine'. Another name for Jupiter is Kōpūnui, because of its size. Pareārau is the name for Saturn in many tribal areas.

Ia Rāpare, hoko tina ai tō mātou tumuaki mā mātou –
Our boss buys us lunch every Thursday

Rāmere is named after the poor husband of Pareārau, Venus or *Meremere*. Venus has many other names, too. It can be Tāwera when viewed in the early morning, and in this form as the morning 'star', this planet is male! Then, when seen in the light of the late afternoon, it becomes female, known as Meremere or Meremere-tū-ahiahi, revered for her exquisite beauty! At times of the year this planet is also known as Kōpū; a good time for people to get 'closer', if you know what I mean!

Nau mai te Rāmere! –

Welcome Friday (in a more colloquial sense,
'Thank God it's Friday!')

RERENGA WHAI TAKE – HANDY PHRASES

Ko te aha tēnei rā?	*What day is it?*
Rātū	*Tuesday*
Ko te Rāhina tēnei rā	*Today is Monday*
Ko te aha tēnei rā?	*What is the day / date today?*
Ko te Tūrei	*Tuesday*
Ka kōrero ia ki te tumu whakahaere ā te Rāmere	*He / She will talk to the manager on Friday*
Āhea koe haere ai?	*When do you leave?*
Ā te Rātapu	*On Sunday*
Āhea koe hoki mai ai?	*When do you return?*
Aua, ā te Rāhoroi pea	*I don't know, maybe Saturday*
Ka tae mai ngā manuhiri nō Haina ā te Rāapa	*The Chinese guests arrive on Wednesday*
Kāore au i te mahi ā te Rāhina	*I won't be at work on Monday*
I tamō ia i te Rāpare	*He / She was absent on Thursday*
I whara au i te Rāhina i te wāhi mahi	*I got injured on Monday at work*

12. NGĀ MARAMA O TE TAU
MONTHS OF THE YEAR

Anei ngā marama o te tau:			Here are the months of the year:	
Kohitātea	January	OR	Hānuere	January
Huitanguru	February	OR	Pēpuere	February
Poutūterangi	March	OR	Māehe	March
Paengawhāwhā	April	OR	Āperira	April
Haratua	May	OR	Mei	May
Pipiri	June	OR	Hune	June
Hōngongoi	July	OR	Hūrae	July
Hereturikōkā	August	OR	Ākuhata	August
Mahuru	September	OR	Hepetema	September
Whiringa-ā-nuku	October	OR	Oketopa	October
Whiringa-ā-rangi	November	OR	Nōema	November
Hakihea	December	OR	Tīhema	December

The words for the months of the year on the left are based on Māori perceptions of the environment and the knowledge of our ancestors regarding seasonal change during the year. Their timeframes are based on the lunar calendar or the phases of the moon. As with the days of the week, the months on the right are *kupu arotau* or borrowed words from English (transliterations). Let's have a brief look at what the names on the left represent, beginning with June, the approximate time the Māori New Year commences (the Māori New Year is called *Matariki*, but we will talk about that a little later in the book).

Pipiri – June
This basically translates to 'be close' or 'to come close together'. This is the colder time of the year and in order to create heat we need to be close and to huddle together.

Ka pau te wā tuku tono ā te marama o Pipiri –
Applications close in June

Hōngongoi – July
The cold has now become hard to bear and fires need to be lit to ensure survival against the elements. *Hōngongoi* literally means to 'crouch in front of a fire'.

Ka tīmata tō mahi ki a mātou ā te Hōngongoi –
You start work with us in July

Hereturikōkā – August
The frequency of sitting close to the heat of the fire during the cold weather has scorched the knees. The position this describes is when you wrap your arms around your knees to draw your legs into your body to create warmth.

Kei te wehe au i te mahi ā te Hereturikōkā –
I will be leaving my job in August

Mahuru – September
This denotes the warming of the climate. The earth, the flora and fauna, and even the atmosphere is starting to emerge from the cold of winter to the warmer time of spring. *Mahuru* is the name for the goddess of spring.

Me tīmata te hanga huarahi hōu ā te Mahuru –
The building of new roads should start in September

Whiringa-ā-nuku – October
Another word that describes the earth starting to get warmer.

The *nuku* part of the word refers to *Papatūānuku* or the earth mother.

Me tū te whakawhanaunga kaimahi
ā te Whiringa-ā-nuku –
We should have the team building in October

Whiringa-ā-rangi – November

Just as the earth starts to warm so does the sky, denoting the impending arrival of summer. The sky is becoming increasingly clear and blue. The *rangi* part of the word refers to *Ranginui* or the sky father.

Ko Whiringa-ā-rangi te marama pai kia
timata ki te whakatū whare –
November is the best month to begin to build houses

Hakihea – December

Birds are in their nests, flowers are abundant and the native pōhutukawa are blooming. All signs of the warm time of summer.

He wā whakatā i te mahi, te Hakihea –
December is the time we take a break from work

Kohitātea – January

This word literally means to gather the fruits of summer that are now on offer.

E pai ana kia hararei au ā te Kohitātea? –
Can I take my holidays in January?

Huitanguru – February

A *tanguru* is a large green beetle that was plentiful around this time, and yes, the ancient Māori used to eat them – tasted quite nice apparently, like a Pineapple Lump! (Just kidding!)

Ā te Huitanguru te rauna utu e whai ake nei –
The next pay round is in February

Poutūterangi – March

This is the name of an important star that rises at this time of the year. It indicated a time to harvest certain crops, such as the kūmara. In the South Island, *Te Wai Pounamu*, it was also a sign to harvest the famous *tītī* or muttonbird. Its English name is Altair.

Kei te hoko taraka mahi hōu mō
koutou ā te Poutūterangi –
We are buying new work trucks for you (all) in March

Paengawhāwhā – April

Another word depicting the appropriate time to harvest crops such as kūmara and taro. The word Paengawhāwhā can literally be interpreted as something 'presenting itself for collection by hand'.

Ka mana te poari hōu ā te Paengawhāwhā –
The new board comes into effect in April

Haratua – May

Final crops are to be collected and stored in preparation for the lean months of winter.

Ko Hēmi te tumu whakahaere tae atu ki te marama o
Haratua – *Hēmi is in charge until May*

RERENGA WHAI TAKE – HANDY PHRASES

Ko te tekau mā iwa o Whiringa-ā-rangi taku rā whānau	*My birthday is on the 19th of November*
Āhea tō rā whānau?	*When is your birthday?*
Ā te tuawhitu o Mahuru	*On the 7th of September*
Ko Poutūterangi te marama tuarua o te tau	*March is the third month of the year*
Hei te marama o Pipiri te tau hou Māori	*The Māori new year is in June*

Ka tū te whakataetae ā te marama o Haratua	*The competition is to be held in May*
Hei te Hakihea te rā Kirihimete	*Christmas is in December*
Hei te kotahi o Kohitātea tō māua mārena	*Our wedding is on the first of January*
I waitohua te Tiriti o Waitangi i te tuaono o Pēpuere	*The Treaty of Waitangi was signed on the 6th of February*

13. NGĀ KAUPEKA O TE TAU

SEASONS OF THE YEAR

The weather can always serve as a topic of conversation. A few of our ice breakers were about the weather, but if that turns into a full-on conversation about it, then what? Let's take a look at how we might have a further discussion about the weather.

Raumati	*Summer*
Ngahuru	*Autumn*
Hōtoke / Takurua	*Winter*
Kōanga	*Spring*
He aha te mahi pai ki a koe i te raumati?	*What do you prefer doing in summer?*
Hī ika, ruku moana rānei?	*Fishing or diving?*
I te ngahuru, ka makere mai ngā rau i ngā rākau	*In autumn, the leaves fall from the trees*
Ka tino makariri ngā pō i te hōtoke, nē?	*The nights are very cold in winter, aren't they?*
Ia kōanga, puāwai ai ngā putiputi	*The flowers blossom every spring*

KUPU WHAI TAKE – HANDY WORDS

Huarere	*Weather*
Tohu huarere / Matapai huarere	*Weather forecast*
Marino	*Calm weather*

Puhoro	Bad weather
Hātai	Mild weather
Ua	Rain
Āwhā	Storm
Marangai	Heavy rain
Paki	Fine weather
Kapua	Cloud
Kōmaru	Cloudy
Hau	Wind
Hauraki	North wind
Hautonga	South wind
Hauāuru	West wind
Hauwaho	East wind
Wera	Hot
Makariri	Cold
Hukapapa	Frost
Puaheiri / Huka	Snow

RERENGA WHAI TAKE – HANDY PHRASES

Ko Tāwhirimātea te atua o te huarere	Tāwhirimātea is the god of the elements
He wera tēnei rā	It's hot today
Te wera hoki, nē?	Gee, it's really hot, isn't it?
He rā pai tēnei mō te kaukau	It's a great day for a swim
He mahana te wai?	Is the water warm?
Āe mārika!	Yes, it's beautiful!
I te raumati ka marino ngā rā	The weather is calm in summer
Kei te whiti te rā	The sun is shining
E heke ana te tōtā i a au	The sweat is dripping off me
Te āhua nei ka paki	It looks like it's going to be fine
E pararā ana te hau	It's extremely windy
Taihoa kia mimiti te hau	Wait until the wind drops
He makariri tēnei rā	It's cold today
Titiro ki te hukapapa!	Look at the frost!

He rā pai tēnei ki te mātakitaki kiriata, hei aha te mahi!	*It's a good day for watching movies, never mind work!*
I te takurua ka heke te marangai	*It rains heavily during winter*
Kei te hōhā au i te ua	*I am sick of the rain*
He marangai kei te haere mai	*There is heavy rain on the way*
I rongo koe i te whatitiri?	*Did you hear the thunder?*
I kite koe i te uira?	*Did you see the lightning?*
Ka ua ākuanei	*It's going to rain soon*
Me puta tātou ki waho!	*Let's (all of us) go outside!*

14. NGĀ ĪMĒRA ME NGĀ RETA
EMAILS AND LETTERS

As technology advances, writing letters has become more and more obsolete. However, there are still some fundamentals you may wish to include when writing a letter, an email, or even a text message to someone. Te Taura Whiri i Te Reo Māori (the Māori Language Commission) has stipulated that when writing the date, it should look like this:

19 November 1970	*Te 19 o Whiringa-ā-rangi 1970*
OR	**Te 19 o ngā rā o Whiringa-ā-rangi 1970**

However, most people I know have shortened this down to this (and it's since been accepted by Te Taura Whiri):

19 Whiringa-ā-rangi 1970

You may want to use the first example if the letter or email is more formal; the second could be used in less formal communication. Some formal dates that you may recognise would be:

25 January	*25 o Kohitātea*

Try to write these dates in te reo Māori for a bit of practice. The first one is done for you.

1. 19 November
   Tekau mā iwa o Whiringa-ā-rangi

   _____

2. 8 August

   _____

3. 22 August

   _____

4. 25 June

   _____

5. 18 February

   _____

6. 26 January

   _____

7. 3 April

   _____

8. 18 December

   _____

9. 18 November

   _____

10. 21 October

    _____

11. 8 July

    _____

12. 11 March

    _____

13. 14 May

    _____

14. 16 June

_____

15. 31 September

_____

And if you wanted to check your answers, here they are:

1. Tekau mā iwa o Whiringa-ā-rangi
2. Tuawaru o Hereturikōkā
3. Rua tekau mā rua o Hereturikōkā
4. Rua tekau mā rima o Pipiri
5. Tekau mā waru o Huitanguru
6. Rua tekau mā ono o Kohitātea
7. Tuatoru o Paengawhāwhā
8. Tekau mā waru o Hakihea
9. Tekau mā waru o Whiringa-ā-rangi
10. Rua tekau mā tahi o Whiringa-ā-nuku
11. Tuawaru o Hōngongoi
12. Tekau mā tahi o Poutūterangi
13. Tekau mā whā o Haratua
14. Tekau mā ono o Pipiri
15. Toru tekau mā tahi o Mahuru

TE TUHI ĪMĒRA ME TE TUHI RETA
WRITING EMAILS AND LETTERS

Once we have written the correct date, we can then move on to some opening greetings. Greeting others in a meaningful way, whether in an email or a formal letter, is very important in Māori culture. Choosing the appropriate language is important and shows respect between the people who are meeting each other for the first time. *Tēnā koe* is considered a more formal way of greeting **one** person, so you could start your formal email or letter with:

Tēnā koe	*Dear Sir / Madam*
OR	
E te rangatira, tēnā koe	*Dear Sir / Madam*
Tēnā koe, e te rangatira	*Dear Sir / Madam*

The word *rangatira* denotes a high-ranking person or someone you have respect for as having chiefly qualities. It is not gender specific, so can be used to address a woman or a man. Other terms that may be handy are:

Tumu Whakahaere	*Senior Manager*
Tāhūhū Rangapū	*CEO*
Kaihautū	*Head of organisation or department*
Toihau	*Head of organisation or department*
Kaiwhakahaere	*Manager*

Now, you may have noticed that the *tēnā koe* greeting is used for one person only. There are two basic greetings when addressing one person: *kia ora* and *tēnā koe*. Both of these greetings are widely known in Aotearoa New Zealand. *Kia ora*, however, is considered by many to be a little less formal than *tēnā koe*. Keep in mind that these will change depending on how many people you are talking to. If you are greeting two people, use the personal pronoun *kōrua*, which means *you two*, i.e., 'Kia ora kōrua' or 'Tēnā kōrua'. If you are greeting three or more people, use *koutou*, i.e., 'Kia ora koutou' or 'Tēnā koutou'. So a formal greeting to two people will look like this:

Tēnā kōrua   OR   **E ngā rangatira, tēnā kōrua**

And a formal greeting to three or more people will look like this:

Tēnā koutou   OR   **E ngā rangatira, tēnā koutou**

Terms of address are frequently used instead of names. These terms are probably more appropriate when you know the person or when a more informal style of communication is being used. Some of the most common terms of address are:

Tēnā koe, e hoa	*used for a friend*
Tēnā koe, e kare	*used for an intimate friend*
Tēnā koe, e tama	*used for a boy or young man*
Tēnā koe, e hine	*used for a girl or young woman*
Tēnā koe, e koro	*used for an elderly man*
Tēnā koe, e kui	*used for an elderly woman*
Tēnā koe, e tā	*used in a similar way to 'sir' in English*
Tēnā koe, e te kahurangi	*used in a similar way to 'lady' in English*

Tēnā koe can be replaced by *kia ora* because of the informality, and if you are talking to two or more people add a *mā* on to the end to show the plural.

Kia ora, e hoa mā	*used for a bunch of friends*
Kia ora, e kare mā	*used for a bunch of intimate friends*
Kia ora, e tama mā	*used for a group of boys or young men*
Kia ora, e hine mā	*used for a group of girls or young women*
Kia ora, e koro mā	*used for a group of elderly men*
Kia ora, e kui mā	*used for a group of elderly women*
Kia ora, e tā mā	*used for a group of high-ranking males*
Kia ora, kahurangi mā	*used for a group of high-ranking ladies*

The age of the speaker and the person being addressed will influence which term is used. As recommended, the word *mā* should be used if more than one person is being addressed, but not when the function words *te* or *ngā* are present, as in the greeting 'e te rāngatira'. Personal names can also be used when greeting, but remember, if the name is a short one with only one long or two short vowels then it is preceded by e: 'Tēnā koe, e Hone' or 'Kia ora, e Pita'. If it's longer, or not a Māori name, the *e* is disregarded: 'Kia ora Te Ururoa', 'Tēnā koe Tariana', 'Tēnā koe William', or 'Kia ora Joe'.

If you are sending an email or letter to your staff, you can use some of these:

E ngā kaimahi, tēnā koutou	*To all the staff, I greet you all*
E ngā kaimahi whakahirahira, tēnā koutou	*To all the fabulous staff, I greet you all*
E aku kaimahi whakahirahira, tēnā koutou katoa	*To all my fabulous staff, I greet you all*
E ngā kaimahi whakahirahira o (name of workplace) tēnā koutou katoa	*To all the fabulous staff of (name of workplace), I greet you all*

Ringa raupā is a metaphorical term for a hard worker. It literally means 'blistered hands', so it makes reference to someone who really does the 'hard yards'! So you could address an email to staff in this way:

E ngā ringa raupā, tēnā koutou	*To all the hard working staff, I greet you all*
E ngā ringa raupā whakahirahira, tēnā koutou katoa	*To all the fabulous hard working staff, I greet you all*
E aku ringa raupā whakahirahira, tēnā koutou katoa	*To all my fabulous hardworking staff, I greet you all*

E ngā ringa raupā whakahirahira o Te Reo Tātaki, tēnā koutou katoa	*To all the fabulous hardworking staff of TVNZ, I greet you all*

Here are some other opening addresses you can use in a group email, or to a large group of people. The translations may sound unnatural, but this is just a reflection of cultural difference.

E ngā hau e whā, tēnā koutou katoa	*To all of the four winds, I greet you all*
E ngā mana, e ngā reo, tēnā koutou katoa	*To all authorities and voices, I greet you all*
E ngā karangatanga maha, tēnā koutou katoa	*To all the affiliations, I greet you all*
E ngā iwi katoa, tēnā koutou katoa	*To all people and tribes, I greet you all*
E ngā mātāwaka, tēnā koutou katoa	*To all throughout this place, I greet you all*
Kei aku nui, kei aku rahi, tēnā koutou katoa	*To my esteemed colleagues, I greet you all*

And if you want to get a little bit flasher, try these:

1. E ngā rau huia, tēnā koutou, tēnā koutou, tēnā koutou katoa
   To the plumes of the treasured huia, I greet you all
2. E ngā tai e whā o te motu e papaki mai nā, tēnā koutou, tēnā koutou, tēnā koutou katoa
   To the tides around the country, I greet you all
3. E ngā rau o te kōtuku e huihui mai nei, tēnā koutou, tēnā koutou, tēnā koutou katoa
   To the plumes of the majestic white heron gathered here today, I greet you all
4. Tuia i runga, tuia i raro, tuia i roto, tuia i waho, tuia te here tāngata e pae nei, tēnā koutou, tēnā koutou, tēnā koutou katoa

I draw from above, from below, from within and from without, to bind together all people gathered here today, I greet you all

5. **E kī ana te kōrero, iti rearea, kahikatea ka taea, tēnā koutou, tēnā koutou, tēnā koutou katoa**
   As the saying goes, even the small rearea bird can ascend to the great heights of the kahikatea tree (great things can be achieved against all odds), and with that in mind, I greet you all

Sometimes during formal written communication, after your initial greeting, it is entirely appropriate to include a reference and acknowledgement to those who have passed on. This practice may be unfamiliar to many of you but is a reflection of Māori spirituality and the constant connection with ancestors in *te ao wairua* or the spiritual realm, and is commonplace when Māori are writing to each other. Our ancestors are always considered to be with us and available to be called on at any time. This is why during formal speechmaking or *whaikōrero,* or even in this context of formal written communication via email or letter, a *poroporoaki* or words of farewell and acknowledgement to the deceased are offered.

The inclusion of this part of your communication will be your personal choice, and may depend on a number of factors, e.g., who you are writing to, how well you know the person, the content or reason for the communication. Just like your opening greeting, there are many ways of expressing this sentiment, but here are a few examples:

1. E ngā mate o te wā, haere, haere haere atu rā.
   To those that have passed on, I farewell you all.

2. E ngā pare raukura o te mate, haere, haere, haere atu rā.
   *To our precious loved ones who are no longer with us,
   I farewell you all.*

3. Ki ngā raukura kua maunu atu ki moana uriuri, haere,
   haere, haere atu rā.
   *To the sacred plumes who have drifted off to the
   depths of the wide ocean, I farewell you all.*

4. Ko te ua i te rangi, ko te ua i aku kamo. E ngā tini
   aituā o tēnā iwi, o tēnā iwi, haere atu rā koutou ki te
   pūtahitanga o Rehua, ki te kāpunipunitanga o te wairua.
   *My tears flow like rain from the sky above. To our loved
   ones who have passed on, I pay homage to you all as
   you reside in the highest of the heavens, the gathering
   place of the spirits.*

5. E te tipua, e Whiro, tēnei te whakatau atu. E ngā
   mate huhua o te wā o nāianei, o te wā kua hipa, tangi
   hotuhotu ana te ngākau, tangi apakura ana te manawa
   ki a koutou kua ngaro i te rā nei. Ngā rau tīpare o te iwi,
   ngā huia kaimanawa o te tangata, tau mai rā. E kore
   koutou e wareware i a mātou.
   *To Whiro, the deity of death and calamity, I pay
   acknowledgement. To all the deceased, of recent times
   and times past, the heart still weeps and laments at
   your absence. Our illustrious ones, our precious ones,
   rest in peace. You will never be forgotten.*

If you are going to include a poroporoaki in your correspondence, make sure you end with one of the following lines to bring the sentiment of your words back from the spiritual realm and the dwelling place of the deceased to the realm of the living, creating balance and normality again before you begin with the reason or business of your email or letter.

1. Hoki rawa mai ki a tātou, tēnā anō tātou katoa.
   I now return back to us, and once again greet us all.

2. Ko rātou ki a rātou, ko tātou ki a tātou, tēnā anō tātou katoa.
   Let the spirits reside in the spirit world, and to us here in the physical world, greetings again to us all.

3. Nō reira, ko te pito mate ki te pito mate, ko te pito ora ki te pito ora, tēnā anō tātou katoa.
   And so, let the deceased rest in peace, and the living keep on living, greetings again to us all.

4. Kua ea te wāhi ki a rātou, ka hoki mai ki a tātou, te hunga ora, tēnā anō rā tātou katoa.
   The deceased have been acknowledged, I now return to us, the living descendants, greetings once again.

5. Ko te akaaka o te rangi ki a rātou, ko te akaaka o te whenua ki a tātou, tēnā anō rā tātou katoa.
   The connector to the heavens remains with those who have passed, the connector to the land remains with us, and so I greet us all once again.

Now, once you have concluded your email or letter, we can use some of these as our *kupu whakamutunga* or *kupu whakatepe*, closing remarks.

1.	Me mutu pea i konei. Ngā mihi nui. Nā *(ingoa)* *Enough said. Thank you for your time. From* (name)
2.	Kua rahi tēnei. Ngā manaakitanga o te wā. Nāku, nā *(ingoa)* *Enough said. All the best. Yours faithfully,* (name)
3.	Kāti ake i konei. Noho ora mai rā. Nāku noa, nā *(ingoa)* *Enough said. Take care. Yours sincerely,* (name)
4.	Kāore e tōia ngā kōrero kia roa. Noho mai i roto i ngā tūporetanga o te wā. Nā *(ingoa)* *I've gone on long enough. All the best. From* (name)
5.	Ā kāti. Hei konā mai i roto i ngā mihi. Nāku noa, nā *(ingoa)* *Enough said. Many thanks. Yours sincerely* (name)

Take note that the word *nāku* is for one person only. To sign off for two people use '*nā māua (noa), nā . . .*' and to sign off for three or more people, use '*nā mātou (noa), nā . . .*'

HE RERENGA KŌRERO ANŌ – MORE HANDY PHRASES

Ka tāria tō whakautu	*I await your reply*
Mō te takaroa o tēnei whakautu	*Apologies for the delayed response*
Kia aroha mai i te tōmuri o tēnei whakahoki	*Apologies for the delayed response*
Kia māhaki mai i taku takaroa	*Apologies for the delay*
Aku mihi nui ki a koe	*Many thanks*
Ngā mihi manahau ki a koe	*Warm greetings to you*

Ngā mihi maioha ki a koutou ko ō kaimahi	*Warm greetings to you and your staff*
Ka mea rā ka tuhi mai koe	*Do write when you get the chance*
Ka mea rā ka tiaki i a koe	*Do look after yourself*
Ko te tūmanako kia āta whakaarohia tēnei tono	*I hope that you will carefully consider my request*
Ko te tūmanako he āwhina kei roto	*I hope this is of some use*
E tāpirihia nei he kōnae	*A document is attached (documents are attached)*
E tāpirihia nei te mahi i hiahia rā koe	*The work you wanted is attached*
E tāpirihia nei ngā whakamārama	*The explanations are attached*
E tāpirihia nei ngā kōiriiri	*The details are attached*
E tāpirihia nei ngā whakaritenga	*The arrangements are attached*
Tirohia te tāpiritanga	*Please see document attached*
Tirohia ngā tāpiritanga	*Please see documents attached*
Mēnā he pātai āu, whakapā mai	*If you have any questions, contact me*
Mēnā he āwangawanga, kōrerohia mai	*If there are any concerns, let me / us know*
Tēnā koa tukuna mai he puka utu	*Please send an invoice*
Tēnā koa waea mai ā te Rāpare	*Please ring me on Thursday*
Tēnā koa kia tere te whakahoki kōrero mai	*Please respond as soon as possible*
E mārama ana au he nui ō mahi i tēnei wā, heoi . . .	*I know you have a lot of work on at the moment, however . . .*

E mārama ana au ki te nui o tēnei tono, engari . . .	*I know this is a lot to ask, but . . .*
Mēnā kāore e taea e koe, hei aha	*If you can't, never mind*
Ki te kore e taea e koe, kei te pai	*If you can't, that's okay*
Kia wātea mai koe, whakapā mai	*When you are free, make contact*
Kia wātea mai koe, me hui tāua	*When you are free, let's meet*
Ki te kore koe e wātea mai, kei te pai noa iho	*If you can't make it / are not available, no worries*
Ahakoa te wāhi ka taea e koe, mā hea mai i tēnā	*Whatever you can manage / offer would be greatly appreciated*
Me tahuri au ki a wai?	*Who should I turn to (for advice / to ask)?*
Kāore au e mōhio ana, me tahuri au ki a wai	*I don't know who I should turn to*
Kāore au e mōhio ana, me tahuri au ki hea	*I don't know where I should turn to*
Me tahuri au ki hea ki te kimi āwhina?	*Where should I turn to seek help?*
Me pātai ki a wai mō ngā whakamārama ki tēnei mahi?	*Who should I ask to explain how to do this job?*
Ko wai hei kaitautoko ā-pūtea?	*Who are the sponsors?*
Tirohia aku īmēra i mua i tēnei, kei reira katoa!	*Take a look at all my previous emails, it's all there!*
Hui ā-wiki	*Weekly meeting*
Hui ā-marama	*Monthly meeting*
Hui ā-tau	*Annual meeting*

15. KO TE TIRITI O WAITANGI KI TE WĀHI MAHI
THE TREATY OF WAITANGI IN THE WORKPLACE

The Treaty of Waitangi has been, and most likely will always be a point of discussion and debate, so it can be tricky to ascertain how it can apply to our everyday routines and responsibilities in the workplace. Everybody loves having the day off work on Waitangi Day, but what does it all mean? Let's begin with a brief background to the Treaty.

A BRIEF HISTORY OF THE TREATY OF WAITANGI

Aotearoa New Zealand was largely a Māori world right up until the 1830s which, when you think about it, isn't that long ago! There were more than 100,000 Māori, living as tribes, throughout the country. Māori language was the medium of communication in all aspects of social, commercial and political life. It evolved in Aotearoa New Zealand over several hundred years, and while there were regional dialectal variations due to the relative isolation of some local populations, they were still able to understand each other, that is, as long as intertribal relationships were good (it's fair to say conflict was common). Māori customs, language and social structures continued to prevail, even as Europeans arrived in New Zealand. Europeans numbered about 200 in the North Island in the early 1830s. By 1839, those numbers had grown to around 2000 throughout the country (1400 in the North Island) attracted by trade and settlements.

Many Māori welcomed the new experiences that contact with Europeans brought. Missionaries had arrived in the 1810s, bringing new ideas and concepts drawn from both the Bible and the wider world. They introduced Māori to literacy by translating parts of the Bible into the Māori language. Early missionaries, such as Samuel Marsden, made the first attempts to write down the Māori language as early as 1814.

Literacy was an exciting concept that many Māori embraced. They began to teach each other to read and write using innovative techniques and materials such as carved wood, charcoal, leaves, and the cured skins of introduced animals, when there was no paper available.

This enthusiasm helped Māori learn the new English language quickly, and they soon visited places like Australia and England to practise their newly acquired language and enlarge their experience and knowledge of commerce, and alternative systems of law and government, including the English monarchy. Ngāpuhi chief Hongi Hika made a trip to England in 1820 to meet King George IV, and during this excursion he worked with Professor Samuel Lee of Cambridge University to systematise a written Māori language.

Eventually the numbers of European settlers in Aotearoa New Zealand grew and the English language began to take hold.

In 1833, James Busby was appointed as British Resident in Aotearoa New Zealand by the British government. Busby's role was to protect British trading interests from other foreign entities, and to counter lawless settlers and traders. However, despite Busby's presence, lawlessness, French and American trade activity, and dubious land transactions increased. Busby sent a report to the secretary of state for colonies informing the British authorities of the greatly increasing land purchases, not only by settlers from New South Wales, but also from French and American citizens. He concluded by saying that Aotearoa New Zealand was an example of 'extreme frontier chaos'.

In August 1839 the British government sent Captain William Hobson over as British Consul with orders to annex a part of the country and place it under British rule. His mission was to acquire the sovereignty of Aotearoa New Zealand by way of a treaty with the Māori chiefs. The British government was anxious to establish sovereignty in order to stabilise the deteriorating situation in New Zealand.

At 4pm on 4 February 1840, Hobson gave the final draft of the treaty to Henry Williams, head of the Church Mission Society and a missionary to Aotearoa New Zealand, to translate into the Māori language. With the assistance of his son Edward, Williams completed the translation before 10 the next morning – a difficult task in such a short time. The wording used to translate some important concepts contained within the Treaty has been the subject of vigorous debate ever since. As the chiefs started arriving at Waitangi, Hobson, Williams and Busby met behind locked doors to check and finalise the accuracy of the wording of the Treaty. At this last moment, before the document was presented to the chiefs, Busby requested one small substitution: the word used to translate the concept of sovereignty was changed from *mana motuhake* to *kāwanatanga*.

Māori language experts are generally unified in the belief that had the words *mana motuhake* remained in the Treaty to describe the agreement to give sovereignty to the British and their monarchy, the Treaty itself may well have been rejected by the Māori chiefs gathered at Waitangi that day. The term 'mana motuhake' is a more accurate description of sovereignty than 'kāwanatanga', which describes 'governorship'.

Agreeing to *kāwanatanga* would have been a much more inviting proposal for them to sign. It would mean the British were in charge of the public affairs of the country, and Māori, seemingly, would receive the guaranteed protection of the Queen over lands and resources while maintaining freedom to direct their own affairs and laws (in other words, maintaining *mana motuhake!*).

So, 6 February 1840, that is *te tuaono o Huitanguru 1840*, is when it all happened! The big day that we can say gave birth to our nation as we know it today. The Treaty was signed on that day by 43 chiefs gathered in a tent made from ships' sails and erected outside Busby's house on the Treaty Grounds at Waitangi. After each chief signed, Hobson would proclaim that 'we are one people', '*He iwi tahi tātou!*' (He would have had to say that 43 times!)

The Treaty is generally recognised as our founding document and there are two versions – one in Māori and one in English. Māori is termed 'Tangata Whenua', the indigenous signatories, anyone else in the country is termed 'Tangata Tiriti', signatory partners. This is where Pākehā, Chinese, Pacific Islanders, Italians, Brazilians and any other ethnic groups sit. International law says if a treaty is signed between two nations, the indigenous version must take precedent.

In a nutshell, the Treaty of Waitangi consists of:

Article 1 – Māori give the Crown *kāwanatanga* or the right to govern New Zealand citizens; both Māori and any other ethnicity living here.

Article 2 – Māori retain their sovereignty (translated in the Treaty as *tino rangatiratanga*) over all their valued possessions, both tangible and intangible (so this might include things like land, fisheries, the haka and te reo Māori).

Article 3 – Both partners, Tangata Whenua and Tangata Tiriti, have equal rights in this country.

A BRIEF HISTORY OF THE POST-TREATY ERA

Now, by the early 1860s, Europeans and the English language had become dominant in Aotearoa New Zealand. The Māori language became confined to Māori communities that existed separately from the European majority, and its use was officially being discouraged. Many Māori themselves began to question its relevance in a European-dominated world where the most important value seemed to be to get ahead as an individual, as opposed to the collective nature of Māori society. The government passed legislation to further assimilate Māori into the 'civilised' European lifestyle, and to destroy the Māori way of life. The education system became a major tool in the assimilation process. The Native Schools Act of 1858 stated that 'Schools would assist in the process of assimilation'. In 1871, the government stipulated that all instruction in Native Schools had to be in English, therefore nullifying the Māori language.

In the years following, Māori children were physically beaten and made to eat soap if they were caught speaking their language in the school grounds. Sir James Hēnare, a prominent Māori leader of the 1980s, remembered being sent into the bush to cut a piece of supplejack vine with which he was struck for speaking te reo at school. One teacher told him that 'English is the bread and butter language, and if you want to earn your bread and butter you must speak English.'

By the early 1970s, te reo Māori was near extinction – a report by Richard Benton for the New Zealand Education Council in 1971 clearly identified the language as endangered. This prompted action from Māori, especially those of the generation born into city life after their parents were moved, or encouraged to move, from their tribal areas to find work.

In the 1970s there was an era of renaissance where many Māori people reasserted their identity, culture and language. New groups emerged and made a commitment to strengthening

Māori culture and the language. Two of these groups, Ngā Tamatoa (The Young Warriors) represented by the late Hana Te Hēmara, and Te Reo Māori Society, represented by Lee Smith, delivered a 30,000-signature petition to Parliament on 14 September 1972, requesting government support to promote the language. This eventually led to the establishment of Māori Language Day and subsequently Māori Language Week, which is still celebrated today.

Race relations came to a head with the Hikoi or land march of 1975, which galvanised Māori to take action. That same year, the government established the Waitangi Tribunal to hear Māori grievances regarding the Treaty of Waitangi, and to make recommendations of compensation to the Crown.

There have been many wonderful initiatives launched since by Māori to rejuvenate and revitalise the language and culture, such as kōhanga reo (preschool 'language nests') which were launched in 1982 – a movement that is recognised, respected and copied around the world for its contribution and impact on language revitalisation. We also have kura kaupapa Māori (Māori immersion primary schools), wharekura (Māori immersion secondary schools), wānanga Māori (Māori universities), the Māori Language Commission, Māori radio stations and the Māori Television Service.

THE PRINCIPLES OF THE TREATY

In 1989, the Department of Justice pinpointed five principles of the Treaty to help organisations, businesses, government departments and individuals to understand the objectives and essence of the Treaty. These have been condensed into three guiding principles: **partnership**, **participation** and **protection**. These principles are quite controversial in themselves as many Māori academics and Treaty experts feel that they tend to 'water down' the true spirit and meaning of the Treaty.

Considering many of the younger generation who are working

now were not taught about the Treaty at school, it's not surprising that our interpretations of its relevance are varied. Yet, around the world our Treaty is considered, by indigenous people especially, to be a fascinating living document that has contributed hugely to the unique fabric of Aotearoa New Zealand.

WHY TREATY PRINCIPLES MATTER IN THE WORKPLACE

Why recognise the Treaty in the workplace, and how do we put its principles into action?

Whether you realise it or not, the Treaty permeates many facets of our lives. There is guaranteed Māori representation in Parliament – currently seven seats – and there is a strong push for this to also be the case on our local councils. The Māori economy's net worth is estimated to be in excess of $50 billion, with tribal and Māori business wealth growing exponentially each year. The Waitangi Tribunal still has some 300 claims to hear, most of them about land, but there are others about health, water, and coastal areas. These decisions will impact us all. Māori have major control and assets in some of our core industries such as farming, forestry and fisheries. Māori language has been one of our two official languages since 1987 (alongside New Zealand Sign Language – English is not official *in legislation*, but is the language of the majority, so is official by default!).

You will hear Māori being spoken more and more regularly. Some companies, such as TVNZ and Air New Zealand, have strong language programmes in place already which they are benefiting from immensely. In my experience, if your workplace reflects Māori values and language, then the bicultural confidence of all staff improves, and Māori staff are more likely to stay loyal and remain with you. This cultural capacity has to be supported from the top in order to work, so chief executives and managers have to be on board. I have been the MC at many ceremonies over the years and it is now the 'norm' for top guest speakers, heads of organisations, sponsors and even recipients to include a te reo Māori opening and closing in their speeches.

Now, let's take another look at the three principles mentioned earlier as a starting point to our discussion about the Treaty in the workplace.

Partnership

Application of this principle could include strategies that encourage working together with Māori from inside and outside the workplace; engaging with the local Māori community, hapū and iwi to explore Māori concepts that might develop relationships in and outside the workplace, or the business itself; engaging with the whānau of Māori workers; initiating policy meetings that include the perspectives of Māori workers and the Māori community; having meaningful Māori representation on all levels, from the front office to management positions, right up to board level.

Participation

Application of this principle would be similar to that of Partnership, that is, to encourage and / or strategise meaningful dialogue and relationships with Māori so that they have respected input into decisions that affect them and their whānau.

Protection

Application of this principle would include fostering and encouraging the use of te reo Māori in the workplace – phone greetings, emails, signage, everyday conversations etc. It would also encourage the implementation of *uara Māori* or Māori values to help guide worker behaviour, expectations and business development.

The goal of these principles is to make sure Māori staff and workers are treated equally and that Māori values, language and culture protected in the Treaty are respected and encouraged by all staff.

IMPLEMENTING THE TREATY AT WORK

What do you need to do if your goal is to implement the Treaty of Waitangi as part of the day-to-day life in your workplace? Here are some suggestions:

1. **Study up on the Treaty**

   Unfortunately, our education system has been remiss in teaching New Zealand's history, so to ensure your staff have a clear understanding of the Treaty, I recommend holding a Treaty workshop. There are many Māori Treaty experts who can be engaged to spend a day or two with you and your staff to break down the document and speak about its relevance in the workplace. I also recommend providing opportunities for cultural, language and tikanga training.

2. **Identify who the local hapū and iwi are in your region**

   If you don't have a relationship with the local hapū / iwi, then create one. You may need to discuss this with some of the Māori employees and use their networks to approach a person who could act as liaison. Most iwi will have liaison people who will be able to help and facilitate. The benefits of creating this relationship are hugely positive – the tribe could become clients of yours (I'm sure many already are!), they could supply you with staff from some of their employment programmes, they could help you design your Treaty policy and mission statement and the *kaupapa* or theme that will drive it, they could even provide you with a marae as a venue for your one- or two-day Treaty awareness session! If you decide to have a pōwhiri / mihi whakatau or welcoming ceremony at the workplace for a new staff member or visitor, the local Māori community may play an important role in this. I have been asked on numerous occasions to help with welcoming ceremonies, and many workplaces have found the experience so rewarding, it's now a regular part of their protocols. It's a very effective way of building strong relationships quickly which, of course, is a valuable asset to any business!

Active consultation is an important aspect of the Treaty of Waitangi, but you will also need to work out what this consultation will look like. For example, will you have regular meetings with local iwi or hapū? Will you appoint a Māori advisor, or will you have a Māori advisor on call?

3. Make the Treaty visible in your workplace

Hang a copy of the Treaty on the wall next to your mission statement. Make sure you have systems and protocols in place to back up and implement what your aspirations are: talking the talk is one thing, walking the walk is another! You could also represent this partnership in artwork, a stirring mission statement, or by developing Māori frameworks to express the nature of your work.

4. Implement plans and policies that develop Māori representation at all levels in the workplace

This all starts with an honest look at current participation, and whether Māori knowledge and input are being valued in your workplace.

5. Utilise Māori values and concepts

Give new policies and projects Māori names or use some of the whakataukī or proverbs in this book to inform these new initiatives and motivate staff to fulfil them.

6. Normalise te reo Māori around the workplace

Create bilingual signage using the terminology in this book. A further challenge would be to eventually (once the staff and workers understand what these signs represent) just have te reo Māori signage around the workplace. Make it normal for Māori to be heard and spoken. Focus on pronunciation too! Correct pronunciation of greetings and names (of staff and places) goes a long way in recognising and respecting the language, the culture and its people. This book is designed to help you implement this.

7. **Normalise te reo Māori with clients and public**
   Use te reo Māori greetings and sign-offs in emails and any other correspondence. Use te reo Māori in any publications you may produce.

8. **Further develop collective understanding of the Treaty**
   Develop a greater understanding of Māori principles and values and use these to guide the business and behaviour in the workplace.

9. **Help each other out**
   Develop a *tuakana–teina* or peer support system among staff and across the whole workplace.

10. **Monitor and take stock of progress**
    Always monitor and review your Treaty of Waitangi policy – how is it progressing, is it working, are you sticking to it, what do you need to change?

16. TIKANGA: KO NGĀ MĀTĀPONO ME NGĀ UARA MĀORI KI TE WĀHI MAHI
TIKANGA: MĀORI PRINCIPLES AND VALUES IN THE WORKPLACE

Māori principles and values are guided by what is known as *tikanga*. This is an ancient term used to describe a set of guidelines that underpin how to interact, how to behave (i.e., what is the right way and what is a trespass) and how to conduct specific cultural traditions, such as pōwhiri. Being familiar with and understanding tikanga Māori will help you during business and staff meetings, especially with Māori entities and whānau, to build trust and confidence. This would include basic things like performing a simple *karakia* or incantation at the start of meetings, knowing how to deliver a *mihi* or words of acknowledgement in te reo Māori, knowing how to do the *hongi* or pressing of noses in greeting and understanding its significance, and taking shoes off before entering a home or a particular room or building.

Let's take a look at the components of the pōwhiri to ease you into it. If you are engaging with Māori entities, trusts, marae, whānau or businesses, then you'll understand a little bit about the process before you go into it, and the tikanga involved there.

THE PŌWHIRI

A formal welcoming ceremony on a marae, in the workplace or in the boardroom is called a *pōwhiri*. A shorter and less formal version of a pōwhiri is sometimes called a *whakatau*. There are tribal variations to this process, so enquiring beforehand about the local tikanga should always be your first port of call!

Reo

Usually Māori language only is spoken. It is a Māori context, after all, and no apology should be made for this. Some marae and workplaces may change this on special occasions and say some words in English, but not usually. They may also provide space during the pōwhiri process for high-ranking people, both male and female, to speak. The local people will dictate how this happens. The language you hear generally follows a pattern, so you may be able to glean some understanding if you recognise these patterns. I will discuss the patterns used in the explanations around *karanga* and *whaikōrero*.

Karanga

The *karanga* or ceremonial call is usually performed by the women to begin the formal welcome. If you are in the northern parts of the country, don't be too surprised if a male responds to the karanga! When you hear the women begin to call, this is your cue to start moving forward on to the marae, or towards wherever your gathering is being held. An expert at performing the karanga will take years to perfect the art. Women who perform karanga are held in high esteem by the tribe. The roles of men and women in the pōwhiri ceremony are equal and complementary, not discriminatory – which, unfortunately, is a common interpretation by those viewing the process through the lens of the Western world. There have been instances where non-Māori women have felt belittled and upset when they are asked to sit on the seats behind the male speakers. Women are, in fact, the first speakers in this process. They can set the agenda, express opinions and make relevant statements during their karanga. You will sometimes hear women telling the men what to say, if they are in close enough proximity, and some will even stand and start singing to sit the man down if he is waffling, being incoherent or saying outrageous things! Karanga are almost always performed at pōwhiri but may not be performed during the less formal whakatau. At a whakatau, you may be just ushered in to where the welcome will take place.

What is the pattern most karanga follow? Here is an example:

Karanga whakaeke	*Call to enter*
Nau mai, haere mai	*Welcome, enter on to*
ki runga i te papa tapu	*the sacred ground*
e hora nei	*beneath us*
Haere mai, haere mai!	*Welcome, welcome!*

Be ready to recognise the words 'haere mai' or 'nau mai'. These are the words that are saying 'Welcome here today' as well as saying 'Come towards me / Start to walk this way'.

Karanga hunga mate	*Acknowledge those who have passed on*
Mauria mai rā ō koutou mate	*Bring forth the memories of those passed*
Utaina mai rā hei tīpare mō ngā poroporoaki a te iwi e	*Assemble them together as a wreath for the laments of the people*
Haere e ngā mate, haere, haere, haere atu rā	*So that we can once again, bid them farewell*

At this point, be ready to recognise words such as *mate* (the deceased), *poroporoaki* (farewell) and the phrase, 'Haere, haere,

haere atu rā' which means 'Go forth (the deceased) on your journey to eternity'.

Karanga hunga ora	*Secondary call to the living*
Whakatata mai rā e ngā manuhiri whakahirahira, haere mai rā ki tā tātou kaupapa whakawhanake pakihi	*Approach, my valued visitors, welcome to our gathering to discuss the development of our business*
Haere mai, haere mai, haere mai rā!	*Welcome, welcome, welcome!*

Māori custom stipulates that after farewelling the deceased, you must return the focus of your words to those who reside in the physical realm. Keep an ear out for the word 'manuhiri' (visitors) and phrases like 'Hoki mai rā ki a tātou' (I now return my thoughts back to us (the living)), 'te hunga ora' (the living), 'kaupapa o te rā' (theme of the day), and a repeat of 'Haere mai, haere mai, haere mai' (welcome once again, welcome to you all).

Waerea

These are a type of karakia or incantation a male will perform in unison with the karanga to ward off any negative influences that may be present during the pōwhiri. Waerea are incantations to protect the visiting group and ensure safety. They are not commonly heard but are very beautiful and add layers to the sounds you will hear when you are entering on to the marae or to the location in the workplace where your hui is being held.

Wero

Most people will assign the term 'challenge' to describe the *wero* but it is so much more than that. In the old days, it was a demonstration of a tribe's prowess with weaponry, a demonstration of the power and prestige of the local people. It was used to ascertain the intention of a visiting group of people and whether their purpose was one of peace or warfare. If it was for the latter reason, the warriors performing the wero may take a few of the visiting tribe out before returning to the safety of the fortifications to prepare for full-scale war. If they were coming in peace, the visitors would be disarmed as they entered the fortified part of the village. They would enter one by one through a very small entrance to ensure a mass attack couldn't occur. The wero is now very much a ceremonial part of the pōwhiri process. The ethos behind it, however, remains the same – a demonstration of the power and prestige of the local people. Wero are usually performed only at very important occasions and pōwhiri. They are not performed at the less formal whakatau.

Karakia

Karakia is quite difficult to define, but perhaps the closest translation is 'incantation'. There are many different types of karakia such as *atahu* (love charms), *kawa* (to remove tapu from a new building), *tohi* (baptism), *pure* (purification), and *whakanoa* (to remove tapu – see page 240). In the workplace, karakia are used to start and end formal meetings, to start and end the workday, to bless food, and sometimes, on a deeper level, to purify and bless the workstation of a staff member who has passed on.

In a pōwhiri setting, a karakia is sometimes performed before the start of the speeches. Once you have reached your seating area, it's okay to take your cues from your hosts as to whether to sit down right away or remain standing. Just look across and make a 'shall we sit down?' motion or action. They may tell you to remain standing because they are going to perform a karakia before the speeches start. This happens on some marae, schools and workplaces. It can be a little bit embarrassing when you go to your seating area, sit down, and then your hosts tell you stand back up for the karakia, or you may feel a little bit awkward during the karakia because you are sitting down while others are still standing! The karakia performed may be Māori in origin with incantations, or Christian in origin where there will be prayers. It's a bit hit-and-miss as to whether a karakia will happen, be it pōwhiri or whakatau, so just be aware!

Whaikōrero

Whaikōrero, or oratory, is an artform that expresses flair, drama, charisma and the wealth of traditional knowledge the speaker has acquired during their lifetime. It is very impressive to watch when performed by an expert. There are two whaikōrero protocols; *tāutuutu*, which is when the speakers from both sides alternate, and *pāeke*, which is when all the host speakers will speak first, then all the visitor speakers will follow. Again, if you are speaking but are unsure what the protocol is, make a 'shall I get up now?' gesture to the other side; they will either nod or make a 'no, not yet!' gesture.

As with karanga, there is a general pattern to whaikōrero. Most speakers will follow this general pattern or format, but this can vary, and will depend on the expertise of the speaker and the occasion. But before we get into it, near the end of this book is a chapter that will help you to build your own generic whaikōrero. So, once you are ready to tackle one on your own, you can check it out!

Okay, now let's take a look at what the pattern of whaikōrero looks like (you will notice the language of whaikōrero is much more metaphorical than everyday language!).

He whakaohooho	*Evocation*
Ka tangi te tītī	*The sooty shearwater calls*
Ka tangi te kākā	*The kākā calls*
Ka tangi hoki ko au	*I call in unison*
Tihei mauri ora!	*And exhort the breath of life!*

This is the part that sounds like the speaker is rapping! It has a flow, a beat, and the words sound like they are coming out really fast! Some speakers will perform this part of their speech with a lot of gusto to gain the attention of the audience. Listen out for the 'Tihei mauri ora!' (I exhort the breath of life!) line.

Mihi mate	***Acknowledge those who have passed on***
Tuatahi, ki ngā raukura o te mate	*First and foremost, I pay homage to the plumes*
kua maunu atu ki moana uriuri	*who have drifted to the foreboding ocean*
Haere atu rā koutou	*Farewell to you all*

You may recognise this part when the mood of the speaker changes and they may take on a more sombre tone. If that doesn't happen, words such as *mate* (deceased), *poroporoaki* (farewell) and the phrase, 'Haere, haere, haere atu rā' which means 'Go forth (the deceased) on your journey to eternity' should tip you off that the speaker is now acknowledging those who have passed on.

Mihi manuhiri	***Welcome to visitors***
E ngā hau e whā o te motu	*To the tribes from the four winds*
Piki mai, kake mai!	*Welcome on board!*

Just like the karanga, when performing the whaikōrero, our Māori customs stipulate that after farewelling the deceased you must return the focus of your words to those who reside in the world of the living. Again, keep an ear out for the word *manuhiri* (visitors) and phrases like 'Hoki mai rā ki a tātou' (I now return my thoughts back to us (the living)), 'te hunga ora' (the living), 'kaupapa o te rā' (theme of the day), and 'Haere mai, haere mai, haere mai' or 'Nau mai, piki mai, kake mai' which are variations of 'Welcome once again, welcome to you all'.

Mihi i te kaupapa	***Acknowledge the theme of the day***
He rā whakahirahira tēnei he rā harikoa hoki mō tātou katoa	*This is indeed a special and joyous occasion for us all*

Koinei te rā e whakanui ai tātou i te huritau rima tekau o Mere!	*This is the day when we celebrate Mary's 50th birthday!*
Nō reira, e Mere, ngā manaakitanga a te whānau ki a koe	*Therefore, Mere, we the family wish you all the best*

This part may be difficult to understand because the language used will be relevant to whatever the occasion might be. In this example, the occasion is a birthday. Listen for words like *kaupapa* (the theme / reason), *whakahirahira* (special) and *harikoa* (joyous).

Whakatepe	**Conclusion**
E te iwi, kia ngahau tātou, engari me tiaki tātou i a tātou	*All those in attendance, let's celebrate, but remember to look after each other*
Tēnā koutou, tēnā koutou, tēnā tātou katoa	*Greetings to us all*

Concluding comments are usually preceded by a 'nō reira' which kind of means 'therefore / and so'. You may also hear something like 'Me mutu i konei' (I shall finish here). You will know when the speech has reached its end when you hear 'Tēnā koutou, tēnā koutou, tēnā tātou katoa' or 'Greetings once again, to all of us gathered here today'.

Waiata

It is expected that each speaker will perform a *waiata* or song to conclude their speech in the appropriate way. This is called a *whakarehu* and symbolically releases the speaker from the transcendental position they were in as they performed their whaikōrero. This is because the speaker assumes an important position and will often recite ancient knowledge and history of a very sacred nature during their speech, thereby causing their personal tapu levels to rise. A waiata is sung after the speech to bring these levels back to normal. At the conclusion of the waiata, the speaker should sit down; no concluding comments are necessary unless very, very short; if the speaker continues at length after the waiata then they would need to sing again! The other function of the waiata is to support what the speaker has said. The waiata is generally selected because it matches the sentiment in the speech. At the conclusion of the waiata, if you have stood up to support, you may sit back down. There is no need to keep standing, even if the speaker continues on!

Koha

Traditionally, a koha was a gift of food or a precious treasure. Nowadays it is money. Koha is under the jurisdiction of a custom called *utu* or reciprocity. What is given is expected to be returned at some stage, but it may be generations later before the gift is reciprocated. Some events might ask for a koha rather than a set admission fee.

In a pōwhiri, the gifting of a koha usually occurs at the end of the waiata. The speaker (often the last of the visiting speakers to speak) will place a gift or donation on the ground. They will take a few steps forward, usually to about halfway between where the host and visiting speakers are seated, and carefully place the *koha* there. The speaker then will take a few steps back, turn to their right, and return to their seat. The hosts receiving the koha will do the same – usually, but not necessarily, offering some words of gratitude as they pick up the koha.

Hongi and Hariru

When Māori greet one another by pressing noses, the tradition of sharing the breath of life is considered to have come directly from the gods.

Māori folklore recounts the story of the first human, a woman, being created by the gods by moulding her shape out of the earth. All of the gods made their own contributions to the creation of this form. Tāwhirimātea, the god of the winds, designed and placed the lungs and breathing apparatus into the shape; Tūmatauenga, the god of warfare, created the muscles, tendons, cartilage and sinew; Tūkapua, the god of the clouds, supplied the whites of the eyes, and so it goes on. When the form had been completed, it was the famous god Tāne who embraced the figure, placed his nose on hers and transfered the breath of life into her nostrils. She then sneezed and came to life. Her name was Hineahuone or 'the earth-formed woman', and she is widely accepted as being the first human being.

When performing the *hongi*, you are paying homage to the creation of the first human, Hineahuone, and all your ancestors who descend from her to you. You are also paying homage to the descent lines of the person you are performing the hongi with. The *hā*, or the breath of life, is exchanged and intermingled.

A lot of people are apprehensive about performing the hongi. The best way to approach it is to let the other person guide you. Some people will press noses twice, others just once. Some will inhale quite deeply when your noses touch, others will hold their nose to yours for quite a long time. Just go with it!

Here are some tips to get you through this process:

If you are in a 'hongi line', watch the person in front of you and see what the 'hongi technique' is of the next person you are going to hongi with.

Place your left hand on their right shoulder – this helps you to guide them so you don't smash heads, miss each other's noses or end up kissing!

Relax, it's what we do, so go for it – and if it doesn't work out, have a laugh about it!

Kai

Food or *kai* after the pōwhiri or whakatau is an important part of the process. Cooked food is seen as a potent negator of tapu, and since you have just been in a very tapu process, i.e., the pōwhiri, food afterwards will return your tapu levels to normality. This potent power of cooked food is the reason why things like passing food over a person's head (the most tapu part of the body) is a big 'no-no' in Māori culture. Other things to be aware of are not sitting on tables, and not mixing items related to clothing with food; for example, not putting hats, glasses and items of clothing on the table.

NGĀ TIKANGA MĀORI
RELEVANT CUSTOMARY CONCEPTS

Hopefully, from the pōwhiri process, you can start to see that tikanga is informed by ancient knowledge that essentially protects us and helps organise ideas into action.

Here are a few more important values, principles and customary concepts that are part of tikanga Māori.

Mana

This word is commonly used by the general population because it sums up so many different things – authority, control, force, power, prestige, influence, to name a few. It is impossible to provide a single English word that accurately describes mana. I guess its multiple meanings is why so many people love the word and use it on a regular basis! Mana is generally bestowed on a person by others in recognition of that person's skill, achievements or actions. Mana gives a person the authority to make decisions, to lead an initiative or group, to organise. Depending on the person's performance and success, mana can increase or decrease. Remember, the source of all mana comes from our gods, so mana carries a huge expectation of respect and regard. Man is the agent of mana, but never the source.

Mana is a very effective tool in maintaining balance and harmony in the workplace and in an individual's personal life. Recognising and fostering a person's mana and the mana of the workplace creates positive relationships and a happy workplace. Enhancing a person's mana motivates them to perform better and deliver better outcomes. This can be achieved by doing simple things like creating roles of responsibility, positive encouragement and affirmation, discussing career pathways, and creating opportunities to upskill or study for extra qualifications.

Every person, role and aspect of a business has its own mana, and enhancing that mana can be a powerful experience that's ultimately productive for all.

Tapu
Mana goes hand in hand with *tapu*: one affects the other. The more prestigious and reputable the person, the object (for example a carving) or the event, the more it is surrounded by tapu and mana. Tapu generally translates to sacred or forbidden. A special ceremony using traditional incantations would need to be performed to lift a tapu and make things *noa* or normal again. Tapu is always present but increases or decreases depending on the situation. For example, when a person is sick, their tapu increases, causing some restrictions to be put on them such as quarantine, until they get well again and their personal tapu returns to a normal level. Tapu is intrinsic and can be used to set limits and boundaries.

Mauri
Mauri is general described as life force, vitality or energy. Mauri, like tapu, is intrinsically linked to mana. Without the presence of mauri, mana cannot accumulate and flourish in a person or object. All things in the physical world are said to have mauri. Sometimes it is a person's mauri that is affected by sickness or mākutu (see page 242). The mauri of a place can be affected too, creating a negative or unenviable state. Things like pollution affect the mauri of a place. It is important to create a positive energy or mauri in the workplace to ensure safety and success. This can be achieved by enhancing positivity via team-building exercises, celebrations, and relationship-building strategies. A stone (such as greenstone) can be blessed and placed somewhere visible in the building to ensure the mauri remains vital and positive.

Manaakitanga
This generally translates to showing respect and care for other colleagues and clients. It also speaks to humility and kindness to

make the workplace a positive and conducive environment that fosters good working relationships!

Whanaungatanga

This principle relates to kinship and building positive relationships with clients and between staff, no matter what positions they hold. It encourages collaboration and teamwork to achieve results, but also encourages the staff and workers to feel like a whānau!

Kaitiakitanga

This is a concept used by many workplaces that are connected to, or engage with, the environment. It encourages best practice from all staff in the workplace to maintain and protect the natural resources being used. It can, however, be adapted to any type of workplace to include things like the protection of equipment and the wellbeing of staff. *Kaitiakitanga* can apply on an individual level also. A staff member can demonstrate personal kaitiakitanga by looking after their own health and wellbeing – physically, mentally, emotionally and spiritually – so that they can make greater and more meaningful contributions at work and at home. Their individual kaitiakitanga then has a positive impact on the kaitiakitanga espoused by all in the workplace.

Rangatiratanga

This principle speaks about leadership and the demonstration of leadership qualities. Things like humility, showing respect, understanding the holistic culture that guides Māori people's thought processes and being mindful of cultural awareness of things like pronouncing a person's name properly and not sitting on food tables. (A quick aside, the reason why sitting on tables is not the done thing is that tikanga Māori keeps the tapu, or sacredness, of the body well away from the *noa*, or non-sacredness, of food. As with most tikanga, it's also pretty much common sense and hygiene – do we really want to eat something from where a kumu has been?)

Whakapapa

The recitation of *whakapapa* or genealogy is a high artform as well as being a miraculous feat of memory. Whakapapa experts are able to recite hundreds of names in proper order stretching back to the beginning of time. Therefore, whakapapa is not just about human genealogies, it is also a metaphor for the evolution of the universe and the creation of the world and all living creatures within it. It provides meaningful links between humans and the environment. In terms of whakapapa, Māori regard themselves as the younger siblings of the trees, birds, fish and just about all creatures created by the gods, before the god Tāne created the human race. Māori people are expected to relate and react respectfully towards the environment because of this. Unfortunately, in today's society, this is not always the case! The art of reciting whakapapa is still practised but the names and the histories that flesh out the genealogies are nowadays also committed to paper and to computer. To know your ancestry is very important in Māori culture.

Mākutu

This used to be a powerful force in traditional Māori society and acted like a disciplinary law to maintain order. Most people will translate *mākutu* as witchcraft or sorcery, but as with most things pertaining to Māori religion and spirituality, it has a much deeper and more multifaceted meaning than that. In today's society, there are still many instances where a person's ill health or unusual behaviour is attributed to mākutu. A person or staff member affected by mākutu can exhibit a decline in energy, mental capacity and health. Very particular rites need to be carried out by a qualified and ratified tribal expert to cure a person of this type of affliction.

Tangihanga

If someone at work says they are going to a tangi or tangihanga, they are going to a funeral. Traditionally a funeral would last several days and sometimes weeks. The body was wrapped in harakeke (flax) and kawakawa (*Macropiper excelsum*) leaves and smeared with kōkōwai or red ochre. It was adorned with feathers of rank and either propped up or laid on a bundle of mangemange (fern). Nowadays the *tūpāpaku* (body of the deceased) is kept on the marae, usually in an open casket, and dressed in fine ceremonial clothes. Speeches are delivered directly to the tūpāpaku as the *wairua* (spirit) is yet to depart to the abode of eternity. Māori believe the tūpāpaku should never be left alone, so the *kiri mate* (deceased's immediate family), and particularly the women of the local tribe, will keep constant vigil over the tūpāpaku until it is taken to the *urupā* (burial ground) for interment. While the unknown may sometimes be quite daunting, you are expected to attend the tangi if you knew the deceased. With some preparation, a visit to a marae for a tangi can be a very purifying experience and a chance to say goodbye to a loved one.

Hākari

Especially after attending a tangihanga or funeral, you will be invited to partake in the *hākari* or feast. There are many types of hākari – those that are held to celebrate an event, those that are held for religious or tikanga reasons, and those that are held to mark birth, marriage or death. Hākari are important for many reasons. They strengthen whanaungatanga or relationships, and they are an opportunity for the local tribe to demonstrate their manaakitanga or hospitality and to serve up the local delicacies. They are also important in terms of normalising levels of tapu, especially after a tangihanga or important meeting. Yes, we don't just have a 'feed' because we are good at it and like eating! There is actually a deeper meaning to it. If we take the context of tangihanga as an example, the rites and processes around the deceased are very carefully handled, and coming into contact with these processes and, indeed, the deceased person themselves, heightens the levels of tapu surrounding you. Food, as mentioned previously, is a powerful negator of tapu, so to partake in the hākari and consume cooked food is seen as a way of returning you to normality and neutralising the tapu that was around you during your experience of tangihanga.

Haka

Haka was, and still is, a very important feature of Māori life. It is an iconic symbol of Aotearoa on the world stage and, along with te reo Māori, differentiates us from other people in the world. Haka is a vigorous, energetic challenge performed by both men and women depending on what particular type of haka is being executed. The messages in haka can vary – sometimes they are political, sometimes they recount history, sometimes they are encouraging people to demonstrate particular personal or tribal characteristics. The widening of the eyes is called *pūkana*, the protruding tongue is called *whētero*. (Only men perform whētero due to their 'equipment' below the waistline; another explanation for whētero is the tongue as the vehicle to express sentiment via words).

As we all know, the champion All Blacks rugby team performs the haka. The 'Ka Mate' haka is well known throughout the world and is a strong symbol of the indigenous Māori culture of Aotearoa New Zealand. Composed by Ngāti Toa rangatira Te Rauparaha in the 1820s, 'Ka Mate' encapsulates some of the themes of war; uncertainty, life, death, escapism and heroism.

According to tradition, Te Rauparaha was being pursued by war parties from the tribes of Ngāti Maniapoto and Ngāti Tūwharetoa: their wish was to exact revenge on Te Rauparaha for having suffered defeat at his hands some years before. Te Rauparaha fled to the western shores of Lake Taupō and asked local chief Te Wharerangi for protection. Te Wharerangi permitted Te Rauparaha to hide in a kūmara pit. He then asked his wife Te Rangikoaea to sit over the pit. This was done because of the neutralising effect that she, as a woman, had on various incantations. As the pursuing enemies entered the village of Te Wharerangi, they were heard chanting their incantations. Te

Rauparaha felt sure he was doomed and muttered the words, 'Ka mate, ka mate! (I die, I die!)' He heard one of his pursuers, Tauteka, asking Te Wharerangi where he was. Te Wharerangi replied that Te Rauparaha had long gone, heading south towards Rangipō. He uttered the words, 'Ka ora, ka ora! (I live, I live!)' Tauteka and his men were not convinced, however, and Te Rauparaha gloomily said again, 'Ka mate, ka mate!' Eventually, they were persuaded by Te Wharerangi (said to be a hairy man, hence the reference to a 'tangata pūhuruhuru' in the words of the haka) to head towards Taranaki where Te Rauparaha would undoubtedly seek refuge, and so Te Rauparaha whispered, 'Ka ora, ka ora! Tēnei te tangata pūhuruhuru nāna nei te tiki mai i whakawhiti te rā (I live, I live! For this is the hairy man who has fetched the sun and caused it to shine on me again)'. As his pursuers left the village of Te Wharerangi, Te Rauparaha emerged from the kūmara pit. As he climbed out, he said, 'Upane, upane! Upane, ka upane whiti te rā! (I take my steps out to freedom, to where the sun shines on me once again!)'. According to ancient accounts, after emerging from the pit, Te Rauparaha then performed his famous haka to Te Wharerangi, Te Rangikoaea and the rest of the village.

Ka mate, ka mate	*Tis' death, tis' death*
Ka ora, ka ora	*Tis' life, tis' life*
Ka mate, ka mate	*Tis' death, tis' death*
Ka ora, ka ora	*Tis' life, tis' life*
Tēnei te tangata pūhuruhuru	*Behold! There stands the hairy man*
Nāna nei i te tiki mai whakawhiti te rā	*Who will cause the sun to shine*
Upane! Upane!	*One upward step! Another upward step!*
Upane! Ka upane!	*One last upward step! Then step forth!*
Whiti te rā!	*Into the sun, the sun that shines!*

Taniwha

Māori legends contain many stories of encounters with *taniwha* (water-dwelling spirits), some friendly, some not so friendly! There have been many occasions when taniwha and the strong belief in them has disrupted work or construction. Many taniwha are seen as kaitiaki or guardians of a particular place and can be appeased by having meaningful and respectful dialogue with the local tribes about the best way to proceed. A good example of this came in 2002 when Ngāti Naho, a tribe who live in the Meremere area north of Waikato, successfully lobbied to have part of State Highway 1 rerouted in order to protect the dwelling of their legendary kaitiaki who would appear as a large white eel. Transit New Zealand and Ngāti Naho discussed the matter and work was put on hold. Ngāti Naho insisted the taniwha must not be removed because to remove the taniwha would be to invite trouble. Local tohunga or traditional spiritual leaders eventually appeased the taniwha, and concessions were made to move the road to not disturb the abode of the taniwha.

Tā i te kawa

People are generally fascinated by opening ceremonies but always ask the question, 'Why do we have to get up at 4 o'clock in the morning?!' Opening ceremonies performed under Māori protocols and Māori karakia are becoming more and more frequent. I have opened many new buildings and occasions in the past few years, from new gyms, to new premises of well-known businesses, to new police stations, to art exhibitions – you name it! This type of ceremony is called *tā i te kawa*, literally 'to strike with a branch of kawakawa'. In traditional times, this was a ceremony carried out in connection with the opening of a new carved house or the launching of a new canoe. It is still performed today in contemporary settings to imbue positive energy and vitality into a building, bringing it to life. The building is named, and it becomes a safe haven for all those who dwell in it or use it. The ceremony is always carried out pre-dawn, not always at

4am, might be 5am, depending on the time of year! The reason for this is that according to Māori spiritual beliefs, pre-dawn is the time when traditional Māori gods are at their most powerful and most potent. It is the best time to call on them to send forth their mana. The concluding incantations coincide with the rising of the sun, welcoming a new day, a new beginning, a new building.

Matariki

Matariki is the Māori name for the star cluster Pleiades. Matariki has gained in popularity over the past few years, and the general view that has been embraced across the country is that it signifies the beginning of the Māori New Year – Te Tau Hōu Māori. It is important to understand how the Māori calendar works to know exactly when Matariki rises and signifies the beginning of the new year, because it is based on a lunar calendar that changes year by year. However, in a general sense, it usually occurs around the month of June. Schools, businesses, TV and radio stations and local councils have all been keen participants and promoters of Matariki in recent years and there has even been a bill presented to Parliament to make it – whichever day it falls on – a national holiday. There are many different interpretations of Matariki and its origins. One talks of Matariki being 'Ngā mata o te ariki Tāwhirimātea' – the eyes of the deity, Tāwhirimātea.

To cut a long story short, in the beginning of time the primeval parents Ranginui (sky father) and Papatūānuku (earth mother), clung together in a marital embrace and begat some 70-plus children, all male. Eventually, these children became unhappy with their living arrangements between their parents – no light and no room – so came together to discuss how they might alleviate their plight. To do this, they developed a language of communication, the early beginnings of te reo Māori. They also developed some protocols when they met which are still the basis for how Māori conduct hui. Eventually it was decided to separate the parents and this was achieved by one of the children, Tāne.

Tāwhirimātea, god of the winds, was enraged. He did not agree with the parents being separated and in his rage, gouged out his own eyes and threw them towards the chest of Ranginui. His eyes splintered in the sky and formed the star cluster Matariki. This is why Tāwhirimātea is a blind god who demonstrates no prejudice when causing chaos and destruction to all in his path. Matariki is a time of reflection, of remembrance, of looking to the future, and of celebration.

Ideas for celebrating Matariki

Matariki is a good opportunity to promote Māori culture and stories. You may need to work with Māori communities or your Māori contacts to achieve some of these ideas.

- Have a kapa haka competition (be genuine, don't be stupid!)
- Learn a Māori action song with a well-regarded kapa haka tutor
- Invite whānau to work or to another venue for a 'Whānau Day'
- Hold Māori art and craft workshops
- Hold a flax weaving workshop
- Hold a traditional kite-making workshop
- Hold storytelling workshops
- Hold astronomy workshops
- Hold a workshop on local Māori history
- Hold a movie night (there are heaps of good Māori movies – Utu, Boy, Whale Rider . . . Thor: Ragnarok, ha ha!)
- Hold a debating competition
- Hold a quiz evening
- Organise a bush walk with a local expert on our native flora and fauna
- Have a hāngī
- Plant a tree or unveil a new piece of art
- Hold cooking demonstrations
- Make some new year resolutions

17. KO TE REO MIHI ŌKAWA
TE REO DURING SPEECHES

KŌRERO WHAKATAKI
INTRODUCTION

In this section of the book, you get the chance to build your own speech to use during formal occasions! Most speakers will follow a general format, but this can vary, and the type and length of language used will depend on the ability of the speaker. You will notice the language of whaikōrero is much more metaphorical than everyday language. It's a very eloquent style of language which sometimes may seem a bit weird in English, but just go with it, e hoa mā!

It takes a lifetime to perfect the art and become a lead speaker for your tribe, so the main thing for you to remember at this stage is, if you get asked to speak on behalf of your workplace or at a formal event, be humble, practise and deliver the appropriate mihi or acknowledgements to the right people and places. Here are some sample whaikōrero for you to learn.

As I mentioned before, whaikōrero will generally follow a set pattern:

1. They begin with a *tauparapara* or evocation, to grab the audience's attention.
2. The second stage is to acknowledge the building you are in

and the land you are standing on. This is called *mihi whare* and *mihi whenua*.

3. The next part is to pay tribute to those who have passed on – this is called *mihi mate*.

4. After the *mihi mate* has been completed you can then focus on the topic or issue of the day that has brought you all together – *mihi i te kaupapa* – acknowledge the theme of the day.

5. Conclusion or *whakatepe*.

After the *whakatepe* or final remarks, it is expected that you perform a waiata or song to conclude your speech in the appropriate way. This is called a *whakarehu* and symbolically releases you from the transcendental position you were just in. Kia māngari! Good luck!

BUILD YOUR WHAIKŌRERO

Now, this is how you are going to build your speech. You are going to take **one** line from each of the five sections (each section has 15 lines or options to choose from) and create a whaikōrero! Each section starts with some basic lines that are nice and short. The lines will then get more and more technical, more and more poetical and metaphorical . . . and much longer! You need to ascertain what you can handle, what your level of capability is, and how much time you have to learn the speech (with correct pronunciation). So, just to recap, you will end up with one line from sections 1, 2, 3, 4 and 5 . . . and *mea rawa ake* or voilà! You have a speech! Kia kaha, e hoa! Best of luck!

PART ONE – CHOOSE A WHAKAOHOOHO

> 1. Tihei mauri ora!
>   *I exhort the breath of life!*

2. E ngā rangatira, tēnā koutou, tēnā koutou, tēnā koutou katoa.
To my esteemed colleagues / guests, I greet you all.

3. E ngā hau e whā, tēnā koutou, tēnā koutou, tēnā koutou katoa.
To those from the four winds, I greet you all.

4. E ngā tai e whā o te motu, tēnā koutou, tēnā koutou, tēnā koutou katoa.
To those from all four directions across the country, I greet you all.

5. E ngā rau o te kōtuku e huihui mai nei, tēnā koutou, tēnā koutou, tēnā koutou katoa.
To the plumes of the white heron gathered here today, I greet you all.

6. Tuia i runga, tuia i raro, tuia i roto, tuia i waho, tuia te here tangata e pae nei, tēnā koutou, tēnā koutou, tēnā koutou katoa.
I thread together the forces from above, from below, from within and from what surrounds us, to bind together the people gathered here today, I greet you all.

7. E kī ana te kōrero, iti rearea, kahikatea ka taea.
Let me begin with the proverb, 'Despite its small size, the bellbird can still fly to the highest branches of the lofty kahikatea'.

8. E kī ana te kōrero, he ai atu tā te tangata, he huna mai tā Hinenuitepō.
Let me begin with the proverb, 'People create new descendants, but the goddess of death remains a constant companion'.

9. Tērā te whetū kamokamo mai rā, ka tangi te whatitiri, ka rapa te uira!
   The star scintillates in the distance, the thunder peals, the lightning flashes!

10. Ka tangi te tītī, ka tangi te kākā, ka tangi hoki ko au, tihei mauri ora!
    The sooty shearwater calls, the kākā calls, I call in unison and exhort the breath of life!

11. Ka korihi te manu kō, kua ao, kua ao, kua awatea, tihei mauri ora!
    As the bellbird calls, 'tis dawn, 'tis dawn, 'tis daylight – I exhort the breath of life!

12. E aku nui, e aku rahi, tēnā koutou katoa!
    To my esteemed guests, I greet you all!

13. E kī ana te kōrero, he ao te rangi ka ūhia, he huruhuru te manu ka tau, tihei mauri ora!
    Let me begin with the proverb, 'As clouds adorn the sky, feathers enhance the beauty of the bird' – I exhort the breath of life!

14. E kī ana te kōrero, ahakoa he iti te matakahi, ka pakaru i a ia te tōtara, tihei mauri ora!
    Let me begin with the proverb, 'Even though the wedge is small, it brings down the mighty tōtara tree (A little effort can achieve great things)' – I exhort the breath of life!

15. E ngā maunga kōrero o te motu, e ngā tai nunui, e ngā tai roroa kua whati mai nei ki tā tātou kaupapa rangatira i te rā nei, tēnā koutou, tēnā koutou, tēnā koutou katoa.
    To my illustrious guests of lofty origin, to the people who have come to this auspicious occasion from all over the country, I greet you all!

Other appropriate proverbs you could start with (along with the phrase 'e kī ana te kōrero' preceding them), include:

Ko te whare whawhao o Te Aokapurangi	*This house is crammed full like that of Te Aokapurangi (packed to the rafters)*
Ehara taku toa i te toa takitahi, engari he toa takitini	*My strength is not mine alone, it comes from the collective / from the group*
E haunui ana i raro, e hari ana i runga	*It's blustery below but the sky above is clear (The difficult times are over, the way ahead is now easier)*
Kei whawhati noa mai te rau o te rātā	*Don't pluck the blossoms of the rātā tree (Some things are perfect just the way they are)*
E kore koe e ngaro, he kākano nō Rangiātea	*You shall never be lost for you are a sacred seed sown in the heavens*
E kore e hekeheke, he kākano rangatira	*A noble heritage will not perish*
E ngaki ana ā mua, e tōtō mai ana a muri	*If the first group do the work properly, the following group can accomplish the task*
He iti hau marangai e tū te pāhokahoka	*Just like a rainbow after the storm, success follows failure*
He iti tangata e tupu, he iti toki e iti tonu	*People grow, adzes remain small (People are more valuable than material possessions)*
Ko tāu rourou, ko tāku rourou, ka ora te manuhiri	*With your contribution of food and mine the visitors will be sustained*

PART TWO – CHOOSE A MIHI WHARE / MIHI WHENUA

1. E te whare, e te papa, tēnā kōrua.
   This house, this land, I greet you both.

2. E te whare whakaruruhau, e te whenua waiū tāngata, tēnā kōrua.
   The sheltering building, the nurturing land, I greet you both.

3. Te whare e tū nei, te whenua e takoto nei, tēnā kōrua.
   The building that stands here, the land lying beneath us, I greet you both.

4. E te whare o te iwi, tēnā koe. E te whenua tapu o te marea, tēnā koe.
   The building of the people, I greet you. The sacred land of the multitudes, I greet you.

5. Te whare e tū nei, te marae e hora nei, te iwi e tau nei, tēnā koutou katoa.
   The house that stands before me, the sacred ground that stretches below me, and all the people gathered here today, I greet you all.

6. E te whare ātaahua e tū nei, tēnā koe. E te whenua taurikura e takoto nei, tēnā koe.
   I greet this beautiful house standing here. I greet this precious land lying here.

7. Tāne whakapiripiri e tū nei. Rongomaraeroa e takoto nei, tēnā kōrua.
   The house of the god of the forest, Tāne; the land of the god of peace, Rongo – I greet you both.

8. E te whare e tū nei, karanga mai, karanga mai. E te whenua e takoto nei, tauawhi mai, tauawhi mai.
   This house standing here, call to us, welcome us. The land lying here, embrace us, comfort us.

9. Ka mihi atu ki te whare e tū whakahīhī mai nei, me tōna hoa tūāpapa e takoto ake nei, tēnā kōrua.
   I pay tribute to this building standing gloriously before us, and to its foundations below us, I greet you both.

10. E te whare kōrero e tū nei, te mūrau a te tini, te wenerau a te mano, tēnā koe. E te whenua o ngā mātua tūpuna e takoto nei, tēnā koe.
    To this well-known, well-regarded house of dialogue and knowledge, I greet you. To this land of our illustrious ancestors, I greet you.

11. E mihi ana ki te rangi. E mihi ana ki te whenua. E mihi ana ki tēnei whare. E mihi ana ki ngā maunga me ngā wai, e horapa nei i tēnei rohe ātaahua o tātou, tēnā tātou katoa!
    I pay homage to heavens above. I pay homage to the land below. I pay homage to this house. I pay homage to the ancestral mountains and waterways that embrace this area of ours. I greet us all.

12. E mihi ana ki te whare e tū nei, tū tonu, tū tonu, tū tonu. E mihi ana ki te whenua e hora nei, tēnā kōrua, tēnā kōrua, tēnā kōrua.
    I pay homage to this building standing here, stand strong, stand proud, stand with permanence. I pay homage to the land lying here also, and therefore, salute you both.

13. Te whare e tū nei, te pātaka o ngā ohākī ā rātou mā, tēnā koe. Te papa e takoto nei, te umu pokapoka a Tū, tēnā koe.

    This house standing here, the keeper of the memories of our ancestors, I greet you. The land that lies here, that has witnessed the ebb and flow of history, I greet you.

14. Te whare e tū takotako nei, te whakairinga o te kupu, te whakapiringa o te tangata, tēnā koe. Te whenua e takoto nei, te heketanga o te hūpē, te riringitanga o te roimata, te tutūtanga o te puehu i te wā o rātou mā, tēnā koe.

    This house standing tall, the keeper of history, the gatherer of people, I greet you. The land that lies here, that has witnessed distressing times of conflict and resolution, I greet you.

15. E ngā tohu mōrehu o te ao Māori o tāukiuki rā anō, o tua whakarere rā anō, tēnā koutou, tēnā koutou, tēnā koutou katoa. Ko te wairua tūpore o koutou kei te rangona, ko te mauri atawhai o koutou kei te rangona, tēnā koutou katoa.

    To the ancient symbols of the indigenous peoples of this nation, I pay homage. Your spiritual warmth, I can feel. Your essence of care and hospitality, I can feel. And so I greet you once again.

Note that even though the words *whare* or *whenua* are not mentioned in number 15, they are considered to be symbols of the Māori world that remind us of our ancestors and our history. Other symbols contained in this mihi would be mountains, rivers, lakes, spiritual beings and any other symbols of the old world still present with us today.

PART THREE – CHOOSE A MIHI MATE

1. E ngā mate, haere atu rā.
   To those who have passed, I farewell you all.

2. E ngā aituā maha, haere atu rā.
   To the many who have passed, I farewell you all.

3. E ngā aituā o te wā, haere, haere, haere atu rā.
   To all our deceased, I farewell you all.

4. E ngā mate o te wā, haere, haere haere atu rā.
   To all our deceased, I farewell you all.

5. E ngā pare raukura o te mate, haere, haere, haere atu rā.
   To the exalted ones no longer with us, I farewell you all.

6. Ki ngā raukura kua maunu atu ki moana uriuri, haere, haere, haere atu rā.
   To the exalted who have drifted off to the depths of the great ocean, I farewell you all.

7. Ki ngā huia kaimanawa kua ngaro ki te pō, moe mai koutou.
   To our precious ones who have disappeared into the night, rest in peace.

8. E ngā mate i tangihia nei e tātou i ngā marama nei, i ngā tau nei, moe mai, moe mai, moe mai.
   To the deceased who we mourned for over these months and years, rest in eternal peace.

9. E ngā mate tūātinitini, e ngā mate rau ariki, haere, haere, haere atu rā.
   To the many who have passed, the noble multitudes, I farewell you all.

10. E ngā tūwatawata o te ao o mua, kua huri nei hei tūwatawata mō te pō whai ariki, haere, haere, haere atu rā koutou.
To the many esteemed luminaries who have passed on to become luminaries in the next realm, I farewell you all.

11. E ngā huia tū rae kua riro atu ki te pō nui, ki te pō roa, ki te pō e au ai te moe, moe mai, moe mai, moe mai rā.
To all of our illustrious deceased, who have travelled to the great night, the long night, the night of eternal sleep, may you all rest in peace.

12. E ngā whetū tārake o te whare kōrero, e ngā uira kōtamutamu o te whare wānanga. Haere koutou ki te huinga o te kahurangi, haere, haere, haere atu rā koutou.
To all our great leaders and orators of yesteryear, our leaders, our thinkers. Those who have journeyed to the spirit realm, to the gathering of the esteemed ones, I farewell you all.

13. E kōrengarenga ana te puna kōhengihengi o te whatumanawa ki te tini huia kaimanawa i tangihia ai e tātou i ngā wiki tata nei, i ngā tau o mua hoki. E ngā rangatira, haere atu rā.
The spring of emotions overflow when thinking about our many precious eminent ones we have mourned recently and in the past. To our many chiefs and leaders, farewell.

14. Parauku tonu ana ō tātou marae, tō tātou whenua, i te hekenga o roimata ki a rātou i tōia ki te pō, nō reira, e ngā mate, haere, haere, haere atu rā koutou.
Our marae and lands are still damp from the many tears shed for those who were taken into the eternal night. Therefore, to those who have passed on, I farewell you all.

15. Ko te ua i te rangi, ko te ua i aku kamo. E ngā tini aituā o tēnā iwi, o tēnā iwi, haere atu rā koutou ki te pūtahitanga o Rehua, ki te kāpunipunitanga o te wairua.
The rain that falls from the sky is like the tears that fall from my eyes. To all those from our many tribes and communities who have passed on to the great meeting of chiefs, who have been summoned to the gathering of the spirits, farewell.

Note that when you finish the *mihi mate*, make sure you utter this statement to show separation between your words to the deceased and your words to the living:

Rātou ki a rātou
Tātou ki a tātou

PART FOUR – CHOOSE A MIHI I TE KAUPAPA

1. Karanga mai e te kaupapa.
The topic of the day, call to us.

2. E mihi ana ki te kaupapa o te rā.
I acknowledge the reason for today's gathering.

3. E te kaupapa o te rā, e mihi ana ki a koe.
To the reason for today's gathering, I acknowledge you.

4. Ki te kaupapa, nāna nei tātou i karanga, tēnā koe.
   To the matter of the day that has brought us all together, I greet you.

5. E mihi ana ki te kaupapa e whakahuihui nei i a tātou.
   I acknowledge the topical issue that has gathered us together today.

6. He rā whakahirahira tēnei mō tātou katoa, he kaupapa nui kei mua i a tātou.
   This is indeed a special day for us all, an important occasion lies before us.

7. He rā nui tēnei, he kaupapa nui hoki.
   This is a special day with an important issue.

8. Kua tae mai tātou ki te tautoko i tēnei kaupapa nui.
   We are all here to support this important occasion.

9. Kua haere mai tātou i tawhiti, i tata, ki te hāpai i tēnei kaupapa.
   We have come together from near and far to uplift this occasion.

10. E mihi ana ki a tātou i te whakaaro nui kia tae mai tātou ki tēnei kaupapa i te rā nei.
    I acknowledge all of us who have prioritised being here today for this important occasion.

11. Me pēhea e ea ai i te kupu, te mihi ki a koutou kua tae mai ki tēnei kaupapa i te rā nei.
    Words cannot express the many thanks to you all for being here for this occasion today.

12. Ka mihi te ngākau ki a koutou kua tae mai, i te tī, i te tā, ki te tautoko i te kaupapa o te rā.

    My heartfelt thank you to all of you who have come from many different places to support this occasion today.

13. Ka oha te ngākau ki a koutou kua rauhī mai, i mea wāhi, i mea wāhi, ki te tautoko i tēnei kaupapa rangatira i te rā nei.

    My heartfelt thank you to you all who have gathered from many different places to support this auspicious occasion today.

14. Tēnei tātou te karahuihui nei, kia piki ai te mana o tā tātou kaupapa kei mua i a tātou, kia eke ai ki te taumata e tika ana.

    We have gathered together to enhance the importance of today's topic so that it is elevated to its correct status (rightfully recognised).

15. Nei rā tātou e noho tahi nei i roto i te whanaungatanga e paihere nei i a tātou ki a tātou, otirā i a tātou ki te kaupapa nui o te rā nei.

    We have gathered together today as one, bound by the relationships between us, but also bound by our relationship to the theme of the day.

PART FIVE – CHOOSE A MIHI WHAKATEPE

1. Nō reira, tēnā koutou, tēnā koutou, tēnā koutou katoa.
   And so I greet you all once again, thank you.

2. Nō reira, kāti i konei. Tēnā koutou, tēnā koutou, tēnā koutou katoa.
   And so let me conclude at this point. I greet you all once again, thank you.

3. Nō reira, me mutu i konei. Tēnā koutou, tēnā koutou, tēnā koutou katoa.
   And so let me conclude at this point. I greet you all once again, thank you.

4. Nō reira, me mutu i konei. Ngā manaakitanga. Tēnā koutou, tēnā koutou, tēnā koutou katoa.
   And so let me conclude at this point. All the best. I greet you all once again, thank you.

5. Nō reira, kāti i konei. Ngā manaakitanga o te wā ki a koutou katoa. Tēnā koutou, tēnā koutou, tēnā koutou katoa.
   And so let me conclude at this point. I wish you all the best. I greet you all once again, thank you.

6. Ahakoa he mihi poto tēnei, he mihi aroha. Nō reira e hoa mā, tēnā koutou, tēnā koutou, tēnā koutou katoa.
   Although this greeting is short, it is from the heart with love. Therefore, my friends, greetings to us all.

7. Nō reira, e te iwi, me tiaki tātou i a tātou. Tēnā koutou, tēnā koutou, tēnā tātou katoa.
   And so, to all those in attendance, remember to look after each other. Greetings to us all.

8. Nō reira, e te whānau whānui, e aku mātua, e aku whāea, tēnā koutou katoa!
   And so to all the families present, to my elders (male and female), I greet you all!

9. Nō reira e mihi ana ki a koutou i roto i ngā manaakitanga o te rā nei, tēnā koutou, tēnā koutou, tēnā tātou katoa!
   And so I offer greetings again and hope today brings good tidings to all, thank you very much.

10. Nō reira, waiho ko te amorangi ki mua hei arahi i a tātou, haere ake nei, kia ora anō tātou katoa!
    And so may the grace of the Almighty guide us in the days to come, greetings again to us all!

11. Nō reira, e hoa mā, ngā manaakitanga me ngā mihi nui o te wā, tēnā koutou katoa.
    Therefore, my friends, I wish you all the best for today and the days to come, greetings to you all.

12. Nō reira, kāore e kore, he oranga nui kua puta ki a tātou katoa i tā tātou whakakotahi i a tātou i tēnei rā, tēnā anō rā tātou katoa.
    And so let me conclude by saying that without a doubt there will be many benefits that will emerge from our union today, therefore, greetings, once again, to us all.

13. Nō reira, e ngā uru tapu nui e whakarongo mai nei ki ēnei kōrero āku, ki ēnei mihi āku, tēna koutou, tēnā koutou, tēnā koutou katoa.
    Therefore, to all the esteemed guests listening to these words of welcome, thank you all very much and greetings once again.

14. Nō reira, kei aku rangatira, kia kaha rā tātou i roto i tā tātou whiriwhiri i te muka tangata kia rena, kia whena, kia pai ai tā tātou hui, tēnā koutou, tēnā koutou, tēnā koutou katoa.

Therefore, my esteemed audience, let us be energised in our efforts to bring unity and comradery to our gathering, so that it is a successful and enjoyable one – greetings, once again, to you all.

15. Nō reira, kei aku rangatira, kua rangatira tā tātou kaupapa i te taenga mai o tēnā, o tēnā o koutou. Kia piki tonu te ora ki a tātou, tēnā tātou katoa.

Therefore, my esteemed audience, our gathering today has been enhanced by each and every one of you being here today. I wish us all good health, greetings once again to us all.

If you sit down for a meal at an important occasion, it is customary for visitors to make a short speech towards the end or at the conclusion of the hākari. Here is an example for you to learn; and don't forget your *whakarehu* or song.

Tihei mauri ora!	*I exhort the breath of life!*
E ngā tohunga o te manaaki tangata	*My supreme hosts*
Me pehea rā e rite ai i a au tā koutou whakautetanga mai i tēnei rā?	*How can I ever repay your hospitality on this day?*
Ka hau te rongo mō koutou, nō reira tēnā koutou!	*It will be spoken about in times to come, and so I thank you very much!*
Te reka o te kai!	*The delicious meal!*
Te pai o te tangata!	*The wonderful people!*
Tē hiahia hoki atu!	*One does not wish to leave!*

Noho ake me te aroha	*Farewell, we leave you with our affection*
Kia ora tātou katoa!	*Greetings again to us all!*

Also available from Scotty Morrison

THE RAUPŌ PHRASEBOOK OF MODERN MĀORI

The user-friendly guide for all New Zealanders

The *Raupō Phrasebook of Modern Māori* is the most up-to-date, versatile and relevant resource for using Māori language in everyday life.

Whether you're a novice or emergent speaker of te reo Māori, or a complete beginner, you'll learn useful phrases for:

- The home
- The marae
- The workplace
- Meeting and greeting
- Eating and drinking
- Days, months, seasons and weather
- Counting and learning
- Travel and directions
- Playing sports
- Having fun and socialising
- And so much more!

The phrasebook also covers dialects, grammar and pronunciation; answers to key questions; idioms and slang; proverbs and speeches; and provides information on the ever-changing history of te reo Māori. Useful vocabulary lists are also given for each section.

Written in a user-friendly manner, with everyday New Zealanders in mind, and with a focus on modern-day language, *The Raupō Phrasebook of Modern Māori* is the guide that no home should be without.

'Clever but written in a user-friendly style . . . an important little book for all New Zealanders interested in te reo.'—Katherine Findlay, *Mana*

Available as an ebook

MĀORI MADE EASY

For everyday learners of the Māori language

The complete and accessible guide to learning the Māori language, no matter your knowledge level.

Fun, user-friendly and relevant to modern readers, Scotty Morrison's *Māori Made Easy* is the one-stop resource for anyone wanting to learn the basics of the Māori language.

While dictionaries list words and their definitions, and other language guides offer common phrases, *Māori Made Easy* connects the dots, allowing the reader to take control of their learning in an empowering way. By committing just 30 minutes a day for 30 weeks, learners will adopt the language easily and as best suits their busy lives.

This book proves that learning the language can be fun, effective – and easy!

'This is not just a useful book, it's an essential one.'—Paul Little, *North & South*

Available as an audiobook

MĀORI AT HOME

An everyday guide to learning the Māori language
with Stacey Morrison

Kei hea ō pūtu whutupōro?
Where are your rugby boots?

Homai te ranu tomato
Pass me the tomato sauce

Kei te pēhea te huarere i tēnei ra?
How is the weather today?

Kei hea tō mahi kāinga?
Where is your homework?

Kāti te whakapōrearea i tō tuahine!
Stop annoying your sister!

Māori at Home is the perfect introduction
to the Māori language. A highly practical, easy and fun resource for everyday
New Zealanders, it covers the basics of life in and around a typical Kiwi
household.

Whether you're practising sport, getting ready for school, celebrating a
birthday, preparing a shopping list or relaxing at the beach, *Māori at Home*
gives you the words and phrases – and confidence – you need.

'This is the book you want – for your family, for your kids, for
yourself.'—*The Spinoff*

Available as an ebook

MĀORI MADE EASY WORKBOOKS / KETE 1–4

Scotty Morrison's *Māori Made Easy* workbook series is the ultimate resource for anyone wanting to learn the basics of the Māori language.

Kete 1:

- Pronunciation
- Numbers
- Greetings and farewells
- Action phrases
- Personal pronouns

Kete 2:

- Possessive prepositions
- A and O categories
- Whānau and introductions
- Tense markers
- Locatives

Kete 3:

- Descriptive sentences
- Intensifiers
- Past-tense questions and answers
- Time, seasons and months

Kete 4:

- Passive structures
- Giving orders
- Stative verbs
- Revision

Forthcoming in 2020: Māori Made Easy Workbooks / Kete 5–8

MĀORI MADE EASY 2

The next step in your language-learning journey

The follow-up companion to the hugely popular *Māori Made Easy*, assisting learners who want to take their reo Māori to the next level.

The bestselling *Māori Made Easy* gave learners an accessible and achievable entry into te reo Māori. It quickly cemented itself as the guide to those new to the language.

Scotty Morrison now offers a second instalment to help readers continue their learning journey, picking up where the first volume left off.

Māori Made Easy 2 unpacks more of the specifics of the language while still offering an easy, assured approach. By committing 30 minutes a day for 30 weeks, learners can build their knowledge in a practical, meaningful and fun way.

> 'Scotty makes it clear that learning te reo is a marathon, and to take time and learn at a pace that suits you.'—Linda Thompson, *Horowhenua Chronicle*

**For more te reo Māori titles, visit:
www.penguin.co.nz**